01.

　　　　　우리는 성경을 하나님의 말씀으로 믿고 있습니다. 그 성경은 하나님의 계시하신 역사입니다. 곧 이스라엘의 역사 속에서 하나님은 말씀하고 계십니다. 이 책 속에서 계시된 말씀을 읽게 되기를 바랍니다.

곽선희

(소망교회 원로목사)

02.

　　　　　한국어역 신약성서는 "아브라함과 다윗"이라는 두 낱말로 시작한다. 신약성서의 첫 권, 첫 책, 첫 장, 첫 절에서, 예수 그리스도의 조상으로 제일 중요하게 언급되는 이 두 인물이, 바로 랍비 엑스타인의 이 저서에서도 중심인물로 다루어지고, 이 책 전체 분량의 절반 정도가 이 두 인물을 통해 나타난 하나님의 섭리를 설명한다. 이 책은, 두 남성 아브라함과 다윗, 특히 여덟 여성 사라, 룻, 에스더, 요게벳, 미리암, 드보라, 한나, 아비가일 등을 통하여 하나님께서 어떻게 역사에 당신의 능력을 나타내시는지, 어떻게 사람을 당신의 섭리 가운데서 인도하시는지, 어떻게 당신의 지혜로 사람과 함께 계시는지를 깊고 넓게 추구한다. 또한 하나님에게서 발원하는 지혜와 교훈, 인간의 응답으로서의 예배와 찬양, 거기에서 얻는 위로와 희망이 고백된 시편 연구가 곁들여 있다.

민영진

(박사, 전 대한성서공회 총무, 현 침례신학대학교 특임교수, 구약학)

유대인의 성경 교육

유대인의 성경 교육 (Biblical Teachings from the Rabbi)

초판 1쇄 찍은 날 · 2012년 9월 5일 | 초판 1쇄 펴낸 날 · 2012년 9월 10일
지은이 · 예키엘 엑스타인 | 옮긴이 · 최의진 | 펴낸이 · 김승태
등록번호 · 제2-1349호(1992. 3. 31) | 펴낸 곳 · 예영커뮤니케이션
주소 · (136-825) 서울시 성북구 성북1동 179-56 | 홈페이지 www.jeyoung.com
출판사업부 · T. (02)766-8931 F. (02)766-8934 e-mail: jeyoung@chol.com
출판유통사업부 · T. (02)766-7912 F. (02)766-8934 e-mail: sales@jeyoung.com

ISBN 978-89-8350-815-7 (03230)
값 9,000원

유대인의
성경 교육

예키엘 엑스타인 지음 | 최의진 옮김

예영커뮤니케이션

머리말

여러분에게 『유대인의 성경 교육』(원제: *Biblical Teachings from the Rabbi*)이 라는 개성 있는 일상 언어로 풀어 쓴 성경공부 책을 소개하게 되어 매우 기쁩니다.

저는 35년이 넘는 세월 동안 성경을 가르치고 사람들이 유대교에서 기독교의 뿌리를 발견하도록 돕는 일을 해 왔습니다. 따라서 이 새로운 성경 공부 시리즈에 대한 기대가 큽니다.

성경은 영적 원리와 하나님께서 처음 이스라엘 백성에게 주신 통찰력의 보고입니다. 그리고 이러한 것들은 세계를 향한 유대인들의 선물입니다.

우리는 모두 성경의 깊은 통찰력을 통해 배우고 성장하기를 원합니다. 이 책은 그러한 여러분들의 목표를 달성하는 데 도움을 줄 것입니다.

이 책을 읽어 가면서 여러분들은 하나님의 거룩하신 말씀을 깊이 볼 수 있을 것입니다. 또한 아브라함, 사라, 룻, 다윗 왕과 같은 여러 믿음의 사람들이 어떻게 극심한 시험을 극복하고 승리를 거두었는지 발견할 수 있을 것입니다.

또한 이 책은 수년간의 성경공부와 강의를 통해 얻은 개인적인 통찰력을 담고 있습니다. 이 모든 것을 여러분과 나눌 수 있게 되어 기쁩니다.

저는 이 성경공부 책을 준비하면서 여러분들을 향한 소망을 가지고 마음속으로 매우 중요하고 구체적인 목표를 세웠습니다.

1. 이스라엘과 세계의 역사를 만들어 간 성경 인물, 이야기, 사건에 대해 더 배울 것입니다.

2. 삶을 변화시키는 통찰력과 개인의 삶에 적용할 수 있고 성경을 더 깊이 이해하게 하는 원리들을 발견할 것입니다. 하나님께서 역사하시는 방식을 보며 새롭게 감탄할 것입니다. 익숙한 성경 인물들과 역동적이고 새로운 시각 속에서 점점 흥미진진해지는 이야기들을 볼 것입니다. 매일 직면하게 되는 시험(역경)과 환경에 대처하는 방법을 배울 것입니다.

3. 이스라엘의 기름진 땅(젖과 꿀이 흐르는 땅)과 기독교의 영적 뿌리인 유대인들의 믿음의 근원을 거슬러 올라가 볼 것입니다.

이 책은 여러분과 같이 좋은 벗들에게 개인의 영적 향상과 성장을 위한, 그리고 기독교의 유대교적인 뿌리를 소개하기 위한 가장 좋은 성경 기반 자료를 제공하고자 하는 계속되는 헌신의 결과물입니다.

저와 함께 하나님의 거룩한 말씀을 공부하는 동안 하나님의 축복이 함께하시길 기도합니다.

평화와 안녕을 기원하며

랍비 예기엘 엑스타인

차례

chapter 1

|

아브라함
이스라엘의 아버지

Biblical Teachings from the Rabbi

│ 인류를 책임지다(창 11:27-25:11)

노아 이후의 세대가 주님을 거부하고 바벨탑을 짓기 시작했을 때(창 11:1-9), 하나님께서는 사람들과 민족들을 상대하시는 것으로부터 한 사람을 부르시는 것으로 그 초점을 옮기셨다. 그 한 사람을 통해 하나님의 특별한 백성이 될 이스라엘이라는 새로운 민족이 세워질 것이었다. 이 사람이 바로 하나님 백성의 첫 번째 조상, 아브라함이다.

하나님께서는 아브라함을 통해 영원하고 특별한 언약(신성한 언약)을 성취하실 계획이셨다. 이는 하나님의 약속을 통해 유대인을 마음속에 받아들이는 모든 민족에 관한 언약이었다. "너를 축복하는 자에게는 내가 복을 내리고 너를 저주하는 자에게는 내가 저주하리니…"(창 12:3).

이 신성한 언약은 "국제 기독교 유대교 연합회"와 "기독교의 유대교적 뿌리" 본사의 기본 이념 중 하나이다.

처음에 아브라함의 이름은 아브람이었으며(17장 5절까지), 그는 우상을

1. 아브라함
이스라엘의 아버지

숭배하는 지역에서 왔다.

여호수아 24장 2절에 따르면, 아브람의 아버지 데라는 이방신들을 섬기는 사람이었다. 흥미롭게도, 아브람의 고향인 우르는 지금의 이라크 남부 지역으로 추정된다. '우르'라는 지명이 새겨진 고대 비문은 유프라테스 강 유역 나시리야(이라크 전쟁의 격전지)에서 6마일 정도 떨어진 곳에서 발견되었다.

초기 성서 시대에 우르는 고도로 문명이 발달한 곳이었다. 그렇기에 하나님의 부르심을 따르기 위해 '모든 것'을 버리고 떠났던 아브람의 믿음은 더욱 대단하게 보인다.

하나님께서는 아브람에게 어디로 가야 할지 미리 말씀해 주지 않으셨다. 그의 목적지는 약속의 땅, 가나안이었다. 오랜 세월이 흐른 뒤 모세가 보낸 정탐꾼들의 이야기에 따르면, 그 땅은 "좋은 땅"(신 1:25)이었다.

그러나 아브람에게 있어서 이 여정은, 편리한 최첨단 도시에 있는 영구적인 집을 떠나 여생을 적대적인 사람들에게 둘러싸여 낯선 사막에서 천막생활을 하는 것과 같은 의미였다. 대부분의 경우, 이런 선택을 하는 것은 쉽지 않다.

창세기 11장 30절에 또 하나의 재미있는 사실이 기록되어 있다. 아브람의 아내 사래(후에 사라로 불림)가 아기를 임신할 수 없었다는 것이다.("어떻게 영원한 한 민족이 씨를 맺지 못하는 두 사람에게서 나왔는가?"라는 질문에 대한 전제가 된다.)

아브람이 가나안 땅을 향해 떠날 때 그는 75세였고, 사래는 65세였다. 그 당시에도 이들의 나이는 전혀 '출산'할 수 있는 연령이 아니었다.

그러나 아브람의 나이와 사래의 불임이 하나님께는 전혀 장애가 되지

않았다. 그분은 아브람을 통해 '큰 민족'을 이루실 것이라고 약속하셨다
(창 12:2).

│ 아브람과 롯(창 13:1-17)

아브람이 기근을 피해 이집트로 간 뒤(창 12:10-20), 그와 그의 가족은 가나안 북쪽 땅으로 돌아왔고, 그의 조카 롯과 분쟁이 발생했다. 롯은 아브람의 막내 동생인 하란의 아들이었다(창 11:27).

롯의 아버지는 전 가족이 가나안으로 떠나기 전에 우르에서 죽었기 때문에(창 11:28), 다른 가족들이 약속의 땅을 향해 떠날 때 그들을 따라가는 것이 롯에게는 당연했다.

롯은 아브람을 가깝게 생각한 것이 분명한데, 아브람이 가족 중에서 첫째 아들인 것을 생각해 보면 이 또한 충분히 이해가 된다.

그러나 아브람과 롯의 목자들 사이에 분쟁이 일어나면서, 두 사람은 서로 떨어져 있어야 한다는 것을 깨닫는다. 아브람은 평화를 원했기 때문에, 자신이 연장자이고 얼마든지 우선권을 가질 수 있었지만 자애롭게도 롯에게 먼저 선택권을 주었다.

더욱 중요한 것은, 기꺼이 롯에게 우선권을 준 아브람의 모습은 그에게 모든 가나안 땅을 주실 것이라는 하나님의 약속을 향한 아브람의 믿음을 증명한다는 것이다. 예상대로, 롯은 가장 좋은 땅을 골랐다.

이 대목에서 요르단 평야의 수원이 풍부했다는 기록이 주목할 만한데, 이스라엘은 수원이 풍부하지 않았기 때문이다.

롯의 선택은 아브람에게 불리한 것처럼 보였다. 그러나 하나님께서는 아브람을 향한 중요한 계획을 갖고 계셨다. 그것은 바로 훗날 우리가 사랑하는 이스라엘로 알려진, 온 가나안 땅을 소유하는 것이다!

| 아브라함의 언약(창 15:1-21)

창세기 15장에서는 하나님께서 아브람에게 그분의 약속을 재차 확인시키신다. 그리고 구체적인 언약을 통해 확정하신 또 다른 중대한 경험에 대해 이야기하신다.

아브람은 롯을 비롯한 많은 사람을 약탈자로부터 구한 대가로 소돔 왕이 베푼 상을 거절했다(창 14:21-24). 그 대신 아브람은 하나님께서 그분의 약속을 성취하실 때까지 기다리면서 만족하기로 선택했다.

창세기 14장에서 한 가지 주시할 사건은 "살렘왕"이자 "지극히 높으신 하나님의 제사장"이라고 언급된 멜기세덱과 아브람의 만남이다(창 14:18).

멜기세덱은 하나님의 대리인이었고, 아브람은 자신이 취한 전리품의 십분의 일을 그에게 주었다.

이 부분이 성경에서 유대인의 관습인 십일조에 대해 처음으로 언급된 곳이다.(오늘날 많은 기독교인이 지키는 유대교적 뿌리이다.)

이 개념은 후에 모세의 율법에 포함되었고(레 27:30), 예수님이 재림하시는 날까지 계속해서 지켜질 것이다.

창세기 15장 2-3절에서 "주 여호와여 무엇을 내게 주시려 하나이까 나는 자식이 없사오니 나의 상속자는 이 다메섹 사람 엘리에셀이니이다 …

주께서 내게 씨를 주지 아니하셨으니 내 집에서 길린 자가 내 상속자가 될 것이니이다"라고 아브람이 하나님께 물은 것은 믿음이 부족해서가 아니다.

혼란스러운 외부 상황을 고려해 보았을 때, 믿음의 조상이 처한 곤경은 오히려 이해할 만하다.

그러나 하나님께서는 그에게 아무 것도 두려워 말라고 확신을 주시며, 아브람의 믿음을 매우 높이 평가하셨다. 사래는 여전히 아기를 낳을 수 없었기 때문에, 아브람은 이성적으로 많은 후손을 주실 것이라고 하신 약속이 '어떻게' 성취될 것인지 어리둥절해했다. 하나님께서는 그 땅과 셀 수 없이 많은 자손을 주실 것이라는 특별한 언약을 아브람과 맺으심으로써 그 믿음에 응답하셨다.

이 약속은 무조건적이다. 즉 인간의 어떠한 노력에 달려 있지 않으며, 오직 하나님의 신실하심으로 말미암는다는 것이다. 또한 13-16절에 보면, 하나님께서 아브람에게 장차 이스라엘에 일어날 가장 중요한 2가지 사건을 보이셨다. 하나는 이집트에서의 노예 생활과 출애굽이며, 다른 하나는 오늘날 우리 연합회가 '독수리 날개 위'(On Wings of Eagles)라는 프로그램을 통해 목격하며 참여하고 있는 이스라엘의 회복이다!

| 이스마엘의 탄생(창 16:1-16)

창세기 16장은 아브람이 위대한 믿음을 소유하고 있음에도 불구하고, 그가 여전히 불완전한 인간이었음을 알 수 있는 충분한 근거를 보여 준다.

(우리 모두가 그렇지 않은가?) 아브람이 하나님의 부르심에 순종하여 고향을 떠나 가나안 땅을 향해 간 지 약 11년이 지났다.

아브람과 사래의 나이가 많다는 것이 신체적인 한계처럼 보였지만, 하나님께서는 그에게 많은 후손을 주실 것이라고 말씀하셨다. 성경에서는 이 모든 장벽에도 불구하고, "아브람이 여호와를 믿으니"라고 말한다(창 15:6). 오늘날 우리의 믿음을 생각해 볼 때 아브람은 얼마나 위대한 증인인가.

그러나 십 년이 넘도록 사래에게는 여전히 아이가 없었다. 우리는 왜 하나님께서 약속의 성취시기를 연장하셨는지 구체적으로 들은 적이 없다. 그러나 하나님께서 아브람의 믿음을 성숙하고 강하게 하신 것이 분명해 보인다.

사래는 약간의 도움이 필요하다고 생각했다. 그래서 사래 스스로 아기를 가질 수 없다면 아브람이 그녀의 하녀인 하갈을 통해 '약속된 아들'을 낳아야 한다고 결정했다.

세상적인 관점에서 보면 이것이 그 당시의 법이나 사회적인 관습과 일치하기 때문에, 대리모인 하갈은 이성적인 대안처럼 보인다. 그러나 하나님께서는 아무 도움도 필요하지 않으셨다. 그리고 이것은 하나님의 계획에 합당한 것이 아니었다.

하갈이 아기를 임신했고 이스마엘을 낳았기 때문에 처음에는 사래의 쓸데없는 간섭이 잘 이루어지는 것처럼 보였다.

그러나 빠르고 이성적인 해결책처럼 보였던 일이 지금까지도 이스라엘과 전 세계가 다루고 있는 비극적인 혼란으로 변했다.(우리 모두는 그 결과가 계속해서 영향을 미치게 되는 문제의 빠른 해결책을 찾을 때 매우 주의해야 한다.)

하나님께서 직접 이름을 지어주신 이스마엘은(창 16:11), 과거에 그리고

유대인의
성경 교육

오늘날까지도 이스라엘의 적인 사람들의 조상이 되었다. 그러나 이러한 인간의 간섭에도 불구하고, 우리는 하나님의 위대한 은혜의 한 예를 목격하고 있다.

이와 같은 상황에서, 그분은 하갈과 이스마엘을 절망적인 상황으로부터 보호해 주셨다. 우리는 창세기 16장 13-14절에서 하갈이 하나님께서 자신과 이스마엘을 만나 주신 장소를 "나를 살피시는 하나님"의 샘이라고 부른 것을 알 수 있다.

우리가 항상 하나님의 보호 아래 있음을 상기시켜 주는 얼마나 좋은 말인가? 하나님께서는 우리를 "주목"하신다고 약속하셨다(시 32:8). 이스마엘 대신 태어난 진정한 약속의 아들인 이삭이 후에 브엘라해로이라고 불리는 이 우물과 같은 장소에서 살게 된 것은 아이러니한 일이다.

8장 뒤에서 이삭이 아내 리브가를 데려올 때 이 지명을 다시 한 번 보게 된다(창 24:62-65).

│ 새로운 이름(창 17:1-27)

창세기 17장에는 아브람과 관련된 사건이 많이 등장한다. 참 하나님에 대해 언급하면서 엘 샤다이(El Shaddai), "전능하신 하나님"이라는 이름이 처음 등장한다. 아무리 불가능해 보인다해도, 하나님께서는 무엇이든지 이루실 수 있다는 그분의 전능하신 능력을 나타내는 이름이다. 하나님을 칭하는 이 이름은(또 하나의 유대교적 뿌리) 오늘날 많은 기독교 교회에서 부르는 경배 찬양에 사용된다.

1. 아브라함
이스라엘의 아버지

아브람과 사래에게 아직 아이가 없었기 때문에, 엘 샤다이로 자신을 나타내신 하나님의 현시는 최초의 조상 아브람에게 특별한 의미를 가졌음이 분명하다. 주목할 것은, 이때 아브람이 99세였다는 것이다!

그러나 아브람은 계속해서 하나님을 신뢰했다. "나는 여호와요 모든 육체의 하나님이라 내게 할 수 없는 일이 있겠느냐"(렘 32:27). 이러한 하나님의 무한하신 능력은 아브람과 사래의 삶 속에 가득하다.

우리는 이 장에서 '새로운' 이름을 두 가지 더 발견하게 된다. 하나님께서는 우리 조상의 이름을 아브람(고귀한 아버지)에서 아브라함(많은 사람의 아버지)으로 바꾸셨다. 그리고 사래의 이름을 '공주'라는 뜻의 사라로 바꾸셨다.

또한 19절에는 아직 태어나지 않은 약속의 아들인 이삭의 이름이 처음으로 언급된다.

분명 창세기 17장의 주된 초점은 이스라엘과 하나님 사이의 언약의 징표로서 할례를 행하게 하신 하나님의 명령에 있다. 아브라함의 가정과 그의 후손들에게 있어서, 할례는 하나님의 약속의 증표이자 하나님을 향한 그들의 성실함을 나타내는 것이었다. 그리고 그 역할을 충실히 이행하기 위해 유대인들은 오늘날까지 계속해서 그 전통을 지키고 있다.

| 약속의 아들(창 21:1-7; 22:1-18)

몇 년이 흐른 뒤 아브람은 이삭을 하나님께 희생 제물로 바칠 준비를 한다. 우리는 절대 그 당시 아브라함의 믿음과 괴로움을 완전히 이해할 수

없다고 말해도 과언이 아니다.

단순히 자신의 외아들을 한 번도 본 적 없는 하나님께 바쳐야 했던 것이 아니었다. 이삭은 그가 매우 늦은 나이에 본 아들이자 분명 끔찍이 아끼고 사랑하는 아들이었다.

자식을 사랑하는 부모에게 이것이 충분한 이유가 되지 않는가? 그리고 끝없는 노력 끝에 얻은 현재 유일한 자손인 이삭을 제물로 바친다면, 어떻게 아브라함이 앞으로 큰 민족을 이룰 수 있겠는가?

사라는 14년 전에 이스마엘을 탄생시킨 자신의 계획을 통해서, 하나님을 온전히 신뢰하지 못하고 그분의 약속을 자신의 힘으로 성취하려는 시도는 상처와 문제를 가져온다는 사실을 깨달았다.

그러나 모리아산에서 이삭을 바치라는 요구는 분명 하나님께서 하신 것이다. 여기서 이 모리아산의 정상이 유대인들에게 가장 신성한 장소가 되었다는 사실에 주목할 필요가 있다. 솔로몬 왕은 기원전 10세기에 그곳에 첫 번째 성전을 지었다(대하 3:1).

첫 번째 성전은 400년 뒤 바빌로니아 사람들이 예루살렘을 약탈하고 유대인들을 포로로 끌고 갔을 때 (처참히) 파괴되었다.

그 후 기원전 6세기에 바빌로니아 포로로 끌려갔던 유대인들이 귀환한 뒤, 두 번째 성전 역시 모리아산에 세워졌다. 이 성전은 서기 70년 로마인들에 의해 파괴될 때까지 그 자리에 있었다.

하나님께서 아브라함에게 이삭을 모리아산에서 바치라고 하신 것은 인간이 경험할 수 있는 시험 중에서 가장 가혹한 믿음의 시련이었음이 분명하다.

그러나 아브라함은 다음날 아침 일찍 여행 채비를 하고 하나님의 지시

1. 아브라함
이스라엘의 아버지

에 정확히 따르면서 주저함 없이 반응했다. 과거의 실수를 통해 배웠듯이, 제사에 쓸 제물을 묻는 이삭의 물음에 대한 아브라함의 대답(창 22:8)은, 겉으로 보기에 불가능한 상황에서도 그의 백성에게 공급하시는 하나님의 능력에 대한 엄청난 믿음의 고백이다.

그리고 하나님께서는 실제로 이삭을 대신하여 드릴 희생 제물, 즉 덤불 근처에서 잡힌 숫양을 공급해 주셨는데, 이는 모세의 율법에서 제사(번제) 제도의 전조가 된다.

| 믿음의 여정(창 23:1-20; 25:1-11)

이 흥미로우면서도 기초적인 성경 이야기를 끝내기 전에 주목해야 할 중요한 사실은, 아브라함과 사라 모두 오랜 세월 동안 주어진 인생을 끝까지 살았다는 것이다. 사라가 먼저 하나님 나라로 떠났고, 아브라함은 그와 함께 위대한 믿음의 여정을 했던 아내와 가족을 애도했다.

아브라함이 살았던 시대에는, 사람이 죽으면 그의 출생지에 묻었다. 그러나 아브라함은 사랑하는 아내를 우르(이라크) 대신 가나안(이스라엘)에 묻기로 결정했다. 이는 그가 자신의 유업과 그의 뒤를 이을 민족의 유업이 그 약속의 땅에 있음을 알고 있었다는 증거이다. 하나님께서 아브라함에게 새 뿌리를 심으시고, 새 사람인 이스라엘 민족을 탄생시키기 위해 믿음으로 이끄신 그 땅 말이다.

그러나 이 일을 행하기 전에, 아브라함은 사라를 위한 매장지를 구입하기 위해서 그 주위에 살고 있는 사람들에게 가야만 했다. 그는 여전히 유목

민이었고, '여전히' 가나안의 어떤 땅도 소유하지 못했기 때문이다.

세상의 소유에 의존하지 않고 하나님 한 분만 섬기며 살아야 한다는 변하지 않는 증표로서, 하나님께서 아브라함을 약속의 땅의 영구적인 '토지(재산)'에 정착하게 하지 않으셨다는 것은 중요하지 않다.

그러나 아브라함이 사라를 위한 매장지를 요구했을 때 흔쾌히 받아들여졌을 정도로, 하나님께서는 아브라함이 가나안 땅에서 높은 명예와 존경을 얻게 하셨다.

부차적으로 강조하고 싶은 것은, 우리는 알지 못하는 곳에서 우리 자신의 행동을 통해 사람들에게 알려지고, 우리에 대한 평판이 우리 개인보다 우선한다는 사실이다.

몇 년 뒤 아브라함이 죽었을 때, 그는 막벨라 굴에서 사랑하는 아내 사라 곁에 나란히 장사되었다.

다른 자식들이 있었음에도 불구하고 이삭을 통해 축복하신다는 하나님의 약속에 따라 아브라함은 사라가 죽은 뒤 이삭을 명백한 법정 상속인으로 지명했다.

하나님께서는 이삭을 축복하심으로써, '약속의 아들'이라는 그의 특별한 지위를 매우 강조하셨다. 이것은 나중에 다른 시리즈에서 다시 다룰 것이다. 당신이 계속해서 이 책을 읽으면서 이 아름다운 이야기를 통해 축복을 받기 원한다면, 창세기 24장을 읽어 보라.

물론, 이스라엘의 역사에서 아브라함의 죽음으로 그가 차지하는 중요성이 끝난 것은 아니다. 죽음 이후에도 그의 이름은 창세기 25장에서 계속 언급되며, 심지어 오늘날까지도 믿음의 사람의 전형을 대표한다.

유대인들에게 있어서 아브라함의 중요성은 아무리 과장해도 지나치지 않는다. 하나님께서는 우리 조상들에게 자신을 "아브라함의 하나님, 이삭의 하나님, 야곱의 하나님"으로 알리기로 작정하셨다(출 3:5-6).

실제로, 오늘날 우리 유대인 정부가 점령하고 있는 땅에 대한 이스라엘의 정당한 요구는 하나님과 아브라함의 무조건적인 언약에서 기인한다.

이것은 자식 없이 60대 후반의 부인과 함께 살고 있었고, 자식을 낳는 것이 불가능했던 70대 노인에게 하신, 언젠가 그의 가족이 하늘의 별과 해변의 모래보다 더 많아지고, 그의 후손들이 이스라엘 땅을 영원한 소유로 차지할 것이라는 약속이다.

유대인의
성경 교육

chapter 2

|

사라
열방의 어머니

Biblical Teachings from the Rabbi

| 가나안으로 부름 받다(창 11:27-12:20)

이스라엘 역사상, 그리고 실제로 전 인류의 역사상 가장 유명한 여성 중 한 명이 이스라엘과 그의 후손들을 위한 하나님의 계획이 전개되고 있는 매우 중요한 순간에 처음으로 등장한다. 우리는 사래('공주'라는 뜻)라고 불리는 이 여성에 관한 여러 중요한 사실을 창세기 11장 마지막 부분에서 발견할 수 있다.

아브람의 아내로 소개되는 사래는 갈대아 우르를 떠나 남쪽 가나안으로 떠나라고 하신 하나님의 부르심에 아브라함과 동일하게 순종했다.

사래에 대한 또 한 가지 분명한 사실은, 그녀의 나이가 많았음에도 불구하고 아직까지 자녀가 없었다는 사실이다(30절). 이러한 악조건은 후에 이스라엘 민족뿐만 아니라 (우리가 앞 장에서 보았듯이) 사래와 아브람의 삶에서도 중요한 역할을 한다.

창세기 12장 10-20절에서 아브람의 실수에 대해 사래가 또 한 번 암

묵적으로 합의하는 장면이 등장하기 전까지 성경에는 사래에 대한 언급
이 거의 없다.

기억할지 모르겠지만, 이 시기는 극심한 기근을 피해 온 가족이 이집
트로 내려가야만 했던 때였다. 가는 도중 아브람은, 자신의 목숨을 잃을까
두려워 바로의 고관들에게 사래와의 관계에 대해 (배우자가 아닌 누이라고 부
르며) 거짓말을 한다. 그들은 그 당시 적어도 65세 이상이었던 사래의 아름
다움에 대해 극찬한다.

| 이스마엘의 탄생(창 16:1-16)

사래는 남편 아브람과 같이, 뜨거운 믿음과 위협적인 의심 사이에서 흔
들릴 수 있는 사람이었다.

미래의 아들 이스마엘의 경우, 아들에 대한 약속을 성취하시는 하나님
의 공급하심을 기다리지 못했던 사래의 조급함이, 스스로 방편을 마련하
여 '하나님을 도우려는' 심각한 실수를 낳게 했다.

이스마엘의 탄생 당시(16절) 아브람이 86세였다는 사실로 미루어 볼 때,
하나님께서 처음 아브람에게 장차 큰 민족을 이룰 아들을 주시겠다고 약
속하신 때로부터 적어도 10년 이상 지났을 것이다.

잠시 동안 사래의 입장에서 생각해 보자. 당신은 60, 70대 중반의 나이
에 장자를 주신다는 약속을 하나님께서 이루어 주시길 기다리고 있다!

인간적으로 보면, 사래의 사고방식처럼 생각하는 것이 어렵지 않다.
"어디 보자, 하나님께서는 지난 몇 년 동안, 그리고 지금도 무척 바쁘신

것 같아. 아들에 대한 약속 때문에 하나님을 귀찮게 해 드리고 싶지 않아. 내가 생각하는 간단한 계획을 따르면 이 언약이 성취될 수 있을 것 같은데…. 게다가, 이건 어찌됐든 하나님의 계획이니까 조금 도와드리는 게 뭐 나쁠 게 있겠어?"

이런 억지 논리에 따라, 사래는 아브람이 자신의 이집트 하녀인 하갈과 동침하여 자신의 계획을 따르도록 설득했고, 그 경솔한 동침의 결과로 이스마엘이라는 아들을 낳았다. 그러나 하갈은 자신이 우월하다는 생각(자신은 임신을 했고 사래는 못했다는)을 숨길 수 없게 되었고(4-5절), 사래는 곧 이스마엘이 하나님께서 약속하신 아들이 아니라는 사실을 깨닫는다.

화가 난 사래는 하갈과 이스마엘을 사막으로 내쫓아 아브람의 가족들과 떨어져 살게 한다. 굳은 의지와 결단력을 지닌 이스마엘은 사막에서 살아남았을 뿐만 아니라, 아랍 민족의 조상이 되기에 이른다. 그리고 오늘날까지 유대인과 아랍인 사이에 남아 있는 넘을 수 없는 장벽이 탄생한다.

그들은 비록 '형제'로 태어났지만, 하나님께서는 "그가 모든 형제와 대항해서 살리라"(12절)고 말씀하시면서 이스마엘의 후손(아랍인, 하갈이 이집트인이었음을 기억하라)과 이삭의 후손(유대인) 사이의 오랜 갈등을 예고하셨다.

10절에서도 하나님의 천사가 하갈에게 "내가 네 씨를 크게 번성하여 그 수가 많아 셀 수 없게 하리라"고 말하는 흥미로운 장면이 나온다. 오늘날 아랍 세계는 유대인 인구보다 수천만 명 이상 수적으로 우세하다.

| 하나님의 은혜를 입다(창 17:15-22)

성경에는 하나님께서 어떤 사람과 맺은 약속과 관련하여 그 사람의 이름을 바꿔 주시는 장면이 여러 번 등장한다. 사래의 경우가 이에 해당한다. 하나님께서 아브람(이때 그의 이름도 아브라함으로 바뀌었다)에게 사래의 이름을 사라(역시 '공주'라는 의미)로 바꾸라고 명하셨다.

하나님께서 특별한 약속을 기념하기 위해 사래의 이름을 바꾸셨다는 것은 의심할 여지가 없다. 사래는 남은 평생 동안 사라로 불리게 될 것이었다. 그 의식은 사라를 통해 아브라함에게 아들을 주시겠다는 하나님의 약속의 재확인이었다.

그 약속 중 특별히 사라와 관련된 부분은 정말 믿기 힘든 것이었다. 약속에 따르면 그녀는 "여러 민족의 어머니"로 "민족의 여러 왕이 그에게서 나올" 것이었기 때문이다(16절).

그러한 약속과 축복은 사라가 엄청난 하나님의 은혜를 입은 여성이었음을 분명하게 보여 준다. 다시 말하지만 '그' 여성을 통해서 이스라엘 민족이 탄생할 예정이었다.

이는 사라가 여성의 정상적인 출산 연령을 훨씬 넘는 고령의 나이라는 사실도 뛰어넘는 것이었다. '약속의 아들'이자 하나님의 언약의 아들인 이삭을 낳을 때, 사라는 90세였다.

창세기 17장에서, 아브라함은 90세 된 불임의 아내와 함께 사는 100세 된 남자가 아들을 낳을 것이라는 예언을 듣고 웃었다.

이제 이 놀라운 소식을 듣고 사라가 웃을 차례였다. 아브라함의 장막을 방문한 천사 같은 손님들이 약속의 성취가 임박했음을 알렸다. 사라는 하나님의 약속을 알았지만, 인간적인 연약함 때문에 100세에 가까운 두 노인이 아이를 낳을 수 있겠는가 하는 사고가 박혀 있었다. 그러나 하나님께서는 사라의 반응이나 나이로 인해 단념하지 않으셨다.

사라의 웃음을 하나님의 역사하심에 대한 불신으로 볼 수만은 없다. 그것은 이렇게 오랜 세월이 지나서 아기를 낳는 일에 자신을 사용하신다는 사실에 대한 놀라움이었다.

사라의 이야기를 읽는 동안, 우리는 아마 자신의 삶을 비추어 보는 좋은 시간을 갖게 될 것이다. 우리 또한 이렇게 주장할 때가 있다. "나는 너무 늙었어, 너무 어려, 그런 일을 할 만한 사람이 아니야." 그리고 사라처럼 우리를 향한 하나님의 공급과 축복을 무시하거나 그것에 주의를 기울이지 않는다.

웃음소리를 들은 여호와께서는 사라를 꾸짖으셨고, 사라는 두려움으로 인해 웃었다는 사실을 부인했다.

그러나 최후에 웃으신 분은 하나님이셨다. 그분은 사라에게 아들을 주셨을 뿐만 아니라, 그 아이에게 '웃음'을 의미하는 이삭이라는 이름을 지어 주셨다.

사라는 자기 나름대로 하나님을 의심했을지라도, 하나님께서는 여전히 그녀에게 신실하심을 베푸셨다. 사라의 의심은 그녀나 아브라함, 또는 후에 이스라엘 민족을 향한 하나님의 약속이 성취되는 것을 방해하지 못했다.

사라를 향한 하나님의 축복은 그녀의 수락에 의존하지 않았고, 하나님의 약속은 그녀의 의심으로 인해 줄어들지 않았다. 사라는 아직 하나님의 완전하고 변함없는 공급을 받아들일 준비가 되지 않았지만, 하나님께 은혜를 입고 인정을 받은 사람으로서 우리 모두에게 좋은 본보기가 된다.

| 다시 구출됨(창 20:1-18)

창세기 20장의 이야기는 우리가 창세기 12장에서 본 사건과 같다고 볼 수는 없지만, 확실한 공통점이 있다.

이번에는 사라의 매력에 대한 언급은 없지만, 아브라함이 아비멜렉을 속인 데에는 그럴 만한 이유가 있었음이 분명하다. 12장과 다른 점은 이제 사라의 나이가 거의 90세라는 점이다. 그러나 그랄 왕 아비멜렉이 후궁으로 원할 정도로 사라는 여전히 매력적이었다.

이 힘센 왕이 진노할까 두려웠던 아브라함은, 아비멜렉에게 사라가 자신의 누이라고 말한다. 아비멜렉 왕은 사라를 자신의 궁으로 데려갔고, 하나님께서 그의 꿈에 나타나셔서 사라를 가까이 하지 말라고 경고하셨다.

그 왕은 사라를 아브라함에게 되돌려 보내며, 양과 소와 종들 그리고 자신의 왕국에서 공짜로 거주할 땅까지 준다. 사라는 위기에 처한 듯 보였지만, 하나님께서 그녀와 그녀의 남편, 그리고 '약속의 아들'이 될 후손, 이삭까지 보호하셨다.

만약 사라가 아비멜렉 왕의 아이를 낳았다면, 오늘날 우리가 어떻게 되었을지 상상이 되는가?

하갈과 이스마엘이 대리인으로서 아랍과 이스라엘의 분쟁을 만들었다면, 사라와 아비멜렉 사이에서 태어난 친자의 결과는 어떠했겠는가?

이 경우에 사라는 단지 보호받은 것 이상이 아닐까?

│ 이스라엘의 여성 족장(창 21:1-21)

아브라함과 함께 우르를 떠나 인생을 걸 만한 가치가 있는 놀라운 사건들을 겪고 난 후, 사라는 아들 이삭을 낳았다.

사라는 이제 진짜 위대한 민족의 어머니가 되었다. 비록 처음에는 의심했지만(18:12), 사라는 하나님의 역사하심을 신뢰했고 복을 받아 아이를 낳았다.

이삭이 태어난 뒤, 사라는 기쁨으로 그녀 자신을 향한 하나님의 은혜를 선포했다. 또한 그녀는 이삭의 기적적인 탄생을 들은 모든 사람이 자신과 함께 기뻐할 것이라고 생각했다. 사라의 기쁨은 하갈과 그 당시 십대 초반이었던 이스마엘로 인해 일시적으로 줄어들었다.

이스마엘은 그의 의붓 형제 이삭을 놀렸다. 아마 아브라함의 상속자가 될 것이라는 자신의 소망이 이삭의 탄생으로 사라졌다고 느꼈기 때문일 것이다. 아브라함의 가정에서 하갈과 이스마엘을 영구히 추방한 것은 모든 의심을 뛰어넘어 이삭이 약속의 아들이라는 사실을 알려 주는 것이었다.

사라는 127세의 나이로 길고 파란만장한 삶의 끝을 맺는다. 성경에서, 여자가 죽을 당시 그 나이가 등장하는 경우는 사라가 유일하다. 그러나 '열방의 어머니'가 된 성경의 이 여성에게는 당연한 일이 아니겠는가!

이 장에서는 사라의 마지막 안식처를 준비하는 아브라함의 모습을 통해 사라를 향한 아브라함의 깊은 사랑이 친절하게 묘사되어 있다. 이 위대한 믿음을 지닌 여성의 삶은 하나님의 약속이 우리의 인간적인 이해와 능력에 의해 제한받지 않으며, 그분의 위대하심으로 인해 그것을 뛰어넘어 성취된다는 것을 우리에게 상기시켜 준다.

하나님께서는 사라의 삶을 통해 불가능해 보이고 이해할 수 없는 인간의 상황 속에서도 그분의 약속을 충실히 이행하신다는 것을 증명해 보이셨다.

chapter 3

|

룻

모압 출신의 여성

Biblical Teachings from the Rabbi

| 믿음과 충성(룻 1:1-10)

여성들은 이스라엘 역사에서 주요한 역할을 많이 담당했는데, 그중 룻
만큼 중요했던 사람은 없을 것이다. 그녀는 야곱 시대로부터 약 400년이
지난 뒤 이스라엘이 곤경에 처해 있을 때 등장한다. 이 시대는 사사들이 활
동했던 시기로(삿 21:25 참고), 하나님께 신실한 사람들을 찾기 힘든 때였다.

룻은 이스라엘의 기근과 외국 땅에서의 죽음이라는 혹독한 환경에 놓
였다. 기근은 엘리멜렉('왕이신 나의 하나님'이라는 의미)이라는 유대인 남자를
그의 부인 나오미('상냥하고 사랑스러운'이라는 뜻)와 그들의 아들 말론과 기론
에게서 빼앗아 갔고, 이스라엘은 양식을 얻기 위해 급급한 상황이었다.

엘리멜렉은 잠시 동안 모압에서 지내려고 했을지도 모른다. 그러나 모
압은 히브리인들이 환영받는 지역이 아니었다(신 23:3-6).

그 가족들은 예루살렘에서 남쪽으로 약 5마일 정도 떨어진 베들레헴
을 떠나 사해 맞은편에서 동쪽으로 50마일 떨어진 모압땅으로 갔다. 가족

들이 모압에서 지내는 10년 동안 치른 큰 사건들은 이것이 옳은 결정이 아니었음을 보여 준다.

이스라엘의 기근이 끝날 무렵에는, 나오미 가정의 모든 남자가 생을 마감한 뒤였다.

나오미는 베들레헴으로 돌아가기로 결정하고, 모압 출신 며느리인 오르바와 룻에게 친정집으로 돌아가라고 말한다. 나오미는 하나님께서 두 며느리에게 선대해 주시기를 간구한다(룻 1:8). 친절에 해당하는 히브리어는 '헤세드'(chesed)로, 하나님의 충실한 약속과 사랑을 의미한다.

나오미는 두 젊은 며느리를 깊이 사랑했고, 그들이 자신들을 돌보아 줄 다른 사람을 찾아 재혼하여 위로받기를 원했다(9절).

| 사랑과 비통함(룻 1:11-22)

서로 끌어안고 작별 인사를 나누는 세 과부의 눈물 어린 모습이 멋진 사랑 이야기의 시작을 알리는 신호라고 생각하기는 어렵다. 그러나 룻에게는, 정확히 그러했다. 나오미는 오르바와 룻과 함께 베들레헴으로 가는 중에, "나는 가던 길을 갈 테니 너희들은 모압에 있는 친정으로 돌아가라"고 며느리들을 설득했다. 나오미는 베들레헴에서 자신에게 펼쳐질 암울한 미래에 관해 자세히 이야기했다. 그녀는 며느리들이 자신보다 더 좋은 삶을 살기를 바랐다.

나오미는 커서 그들과 결혼시킬 아들이 자신에게 더 이상 없다는 것을 며느리들이 이해하길 바랐다. 자신의 처지를 과장하여 룻과 오르바가 모압에 머무르게 하기 위해서 그 불가능성을 내비쳤을 수도 있다.

오르바는 모압에 머물렀지만, 룻은 "어머니의 백성이 나의 백성이 되고 어머니의 하나님이 나의 하나님이 되시리니"라고 말하면서 나오미와 함께 베들레헴으로 가기를 간청했다(16절). 우리는 룻이 나오미를 사랑한 것 이상으로 이스라엘의 하나님을 헌신적으로 따랐으며, 그분을 경배하는 곳에 가기를 원했음을 알 수 있다. 그래서 룻은 나치 대학살 당시 유대인들을 지켜 주었던 오스카 쉰들러나 코리 텐 붐과 같은 '의로운 이방인'처럼, 자신의 운명을 이스라엘과 함께하기로 결심했다.

나오미는 하나님께서 자신의 삶을 어렵게 하셨음을 알았다. 그래서 베들레헴으로 돌아왔을 때 사람들에게 자신을 '마라'('괴로운'이라는 의미)로 불러달라고 말했다. 나오미는 모압에서 역경을 겪고 난 뒤 상당히 나이가 들어서 돌아왔다는 이유로, 혹은 남편과 아들 없이 돌아왔다는 이유로, 또는 이 두 상황 모두를 이유로 이름을 바꾼 것 같다.

여기서 흥미로운 점은 하나님께서는 우리를 아프게 하시기 위해서가 아니라 우리를 더욱 성숙하게 하시려고 이런 종류의 시험을 허락하신다는 사실이다. 우리의 삶에서 어려움이 닥칠 때, 우리는 그것을 무시해 버리거나 우리 자신 혹은 다른 사람들을 탓할 수 있다.

그러나 진정 우리가 통제할 수 있는 유일한 것은 그 상황에 대한 우리의 반응이다. 이것은 외부 상황을 변화시킬 수 있게 만드는 우리의 내적 변화인 것이다.

인생의 괴로움을 해결하는 방안은 현실을 있는 그대로 받아들이고, 하나님께 완전히 굴복하며, 그 괴로움을 어린아이처럼 우리를 사랑해 주시는 하나님에 대한 찬양으로 변화시키는 간단한 단계에서 나오게 된다.

롯과 나오미가 약속의 땅으로 돌아왔을 때, 그들은 절망을 희망으로 바꾸시는 사랑스러운 하나님의 손길을 보면서 더 좋은 길을 예비하시는 그분을 찬양으로 증거했다.

룻기 1장 22절에서 나오미와 룻이 베들레헴에 도착한 시기가 기근으로 고통받던 베들레헴(양식의 집)의 추수 시기와 정확히 들어맞지 않는가? 또한 보리(빵을 만드는 데 사용되었음) 풍년으로 인해 룻이 보아스를 만나게 되었고 하나님의 놀라운 계획을 깨닫게 된 것, 즉 하나님께서 룻을 위해 이제껏 비축해 두셨던 양식을 거두게 하신 것이 얼마나 놀라운가?

| 은혜의 추수(룻 2:1-12)

러브 스토리에는 두 사람이 필요하다. 그래서 룻기의 저자는 재빨리 독자들에게 베들레헴의 저명인사(유력인사)인 보아스를 소개한다. 그의 보리밭은 추수 중이었다. 룻은 '밝혀진 것처럼' 그곳에서 남은 이삭을 줍게 되었다. 룻이 밭에 남은 것들을 주워야 했다는 것을 통해 룻과 나오미가 얼마나 가난했는지 짐작할 수 있다(레 19:9 참고).

그러나 일이 이렇게 전개된 것은 우연이 아니라 하나님의 섭리임을 알 수 있도록, 이 이야기에서는 사건을 이끄시는 보이지 않는 하나님의 손길을 강조한다.

룻과 보아스의 첫 만남은 그들의 성격을 잘 드러낸다. 보아스는 충성스럽고 성실한 룻을 예우하고, 룻은 보아스의 친절에 깊은 감사를 표한다.

롯이 모압을 떠나온 모든 일을 두고 보아스가 언급한 내용과 롯의 축복을 비는 그의 기도는, 롯이 자신의 앞날과 믿음을 이스라엘 하나님의 손에 맡겼다는 사실을 강조한다.

흥미롭게도 보아스는 롯을 '소녀', '내 딸'이라고 칭했는데, 이것으로 보아 보아스가 롯보다 훨씬 나이가 많았을 것으로 짐작된다. 하나님께서 롯을 그의 "날개" 아래 보호하실 것(12절)이라는 보아스의 기도는 하나님의 백성을 향한 그분의 섬세한 돌보심을 보여 주는 아름다운 장면이다.

│ 운명을 바꾸다(룻 2:13-23)

롯은 분명 자신을 친절하게 맞아 주는 보아스 덕분에 용기를 얻었을 것이다. 그러나 그녀는 여전히 주변 사람에게 어떤 호의도 요구할 권리가 없는 이방인이었다.

그렇지만 보아스가 이미 그녀를 가족처럼 대해 주고 있었기 때문에, 롯에게는 그것이 문제가 되지 않았다. 롯은 자신이 보아스의 하녀 중 한 사람처럼 취급받을 자격도 없다고 느꼈기 때문에, 보아스가 그녀를 알아주고 친절하게 대해 주는 사실이 놀랍고 감사했다.

보아스는 나오미와 롯이 재정적으로 어려운 상황에 처해 있다는 사실을 잘 알고 있었다. 고대에서는 가난하다는 것이 단순히 이곳저곳에서 비싼 물건이나 더 좋은 집을 살 수 없다는 의미가 아니었다. 가난이란 하루하루 먹을 양식이 충분하지 않음을 의미했다. 그래서 보아스가 롯에게 먹을 것을 주고, 나오미에게도 충분히 갖다 주도록 했던 것이다.

룻이 며칠 동안 먹기에 충분한 한 에바의 곡식을 가지고 돌아오는 것을 보고, 나오미는 그들의 운명이 바뀔 것임을 예감했다. 대개 추수가 끝날 무렵은 가난한 사람들에게 힘든 시기였다. 주요 곡식 창고를 몇 달 동안은 더 이상 이용할 수 없기 때문이다. 그러나 자신의 어려운 인생과 상실을 슬퍼하는 대신, 나오미는 이제 자신과 자신의 가정을 향한 하나님의 선하심을 찬양한다.

나오미는 신명기 25장 5-10절에 묘사된 역연혼법(levirate marriage, '남편의 남자형제'를 의미하는 라틴어에서 유래)에 대해 잘 알고 있어야 했다. 하나님께서는 가장이 죽더라도 반드시 그 가정이 계승되어 이스라엘의 유업을 받길 원하셨다. 또한 하나님께서 그의 백성에게 가르쳐 주신 규정에 따르면 그 땅이 영구히 팔리는 것도 금지되었는데, 이는 하나님께서 그들에게 주신 땅의 진정한 '주인'은 그들이 아니라 하나님이기 때문이다.

역연혼은 보아스가 룻과 결혼할 수 있는 후보자였음을 의미한다. 그러나 이 시점에서는 보아스를 제외한 어느 누구도 그 사실을 몰랐다는 점이 걸림돌이었다.

| 합당한 방법(룻 3:1-18)

보아스가 나오미와 룻에게 보인 친절을 통해, 나오미는 이것이 룻에게 보장된 미래를 마련해 줄 수 있는 기회라는 것을 깨달았다. 나오미는 보아스에게 룻을 보내 그가 기업 무를 자의 역할을 감당할 것인지 제안하면서 자신의 권리를 잘 행사했다. 신명기 25장 7-10절에서는 이런 상황에서 남

유대인의
성경 교육

자 친척이 그의 책임을 다하지 않을 때, 그 주도권을 과부에게 주고 있다.

나오미는 보아스가 룻을 존중해 줄 수 있는 매우 진실한 사람일 뿐 아니라, 룻과 나오미에게 해야 할 어떠한 법적·도덕적 의무도 이행할 사람임을 알았다.

보아스는 나오미가 생각했던 대로 행동했고, 이로 인해 룻은 보아스가 다음 날 오전에 역연혼 문제를 처리할 것이라는 확신을 갖게 되었다.

보아스는 룻의 제안이 어떤 것인지 알았고, 그가 나이가 많음에도 불구하고 그녀가 그와 결혼할 의향이 있다는 사실에 매우 기뻐했다. 분명 그는 룻의 아름다움과 고귀한 성품에 마음이 끌렸다. 그래서 흔쾌히 기업 무를 자의 역할을 수행하겠다는 의사를 밝혔다. 그런데 그때 이 러브 스토리에 극적인 반전이 나타난다.

나오미가 모르고 있었던, 룻과 결혼해서 모든 소유를 차지해야 할 더 가까운 친척이 있었던 것이다. 나오미는 결과가 어떻게 될지 알 수 없었지만, 보아스가 이 문제를 신속하게 처리할 것임을 알았다.

비록 자신이 아닌 다른 친족과 결혼하게 되더라도 룻이 모세의 법에 따라 부양받게 되길 바라는 보아스의 모습에서, 우리는 그의 경건한 성품을 엿볼 수 있다. 보아스는 누군가 룻이 온 것을 알아차려서 그와 룻의 관계를 오해하지 않도록 하기 위해, 룻에게 동이 트기 전에 떠날 것을 제안한다. 보아스가 룻에게 여섯 번 되어 준 보리는 여러 끼니를 잇기에 충분한 양이었으며, 또한 앞으로 올 더 좋은 일들을 암시하는 역할을 했다.

| 기업을 무를 권리(룻 4:1-10)

할리우드의 어떤 감독도 룻기의 마지막 장보다 더 행복한 결말은 쓰지 못했을 것이다. 이 이야기에는 결말을 확 바꾸어 버릴 수도 있었던 반전이 등장한다. 보아스는 룻을 사랑했지만, 다른 친척이 원한다면 물러나서 그에게 룻과 결혼할 기회를 주어야 했다.

비록 룻을 잃을 수도 있었지만, 보아스가 적절한 절차를 따랐으며 그 사건을 하나님의 손에 맡겼다는 것은 매우 중요하다. 만약 보아스가 교묘한 수법을 써서 룻을 얻으려고 했다면(하갈을 통해 아들을 얻으려 했던 사라의 수법처럼), 그들의 관계는 법적으로나 도덕적으로 하나님께서 축복하실 수 없는 상황으로 변색했을 것이다.

보아스는 베들레헴에서 10명의 장로를 모아 그 친척의 관심을 끌게 될 사건의 공식적인 증인으로 세웠다. 재미있는 것은 보아스가 구제 절차에 관련된 땅을 언급하는 것으로 이야기를 시작했다는 것이다. 보아스는 이런 방식으로 이야기를 시작하면, 룻에 대한 언급을 할 때쯤에는 그 친척이 '거래'의 범위로 인해 위협을 느낄 것이라고 생각했다. 보아스의 계획은 어찌되었든 효과가 있었다.

그 시어머니를 후처로 삼을 뿐 아니라 그녀의 소유지와 빚까지 책임지는 것은 분명 그 친척의 소득과 재산에 손해를 끼치는 일이었을 것이다. 그래서 그는 즉시 기업 무를 권리와 결혼을 보아스에게 넘기고, 오늘날의 '서명'에 해당하는 고대 방식으로 합의에 도달했다.

유대인의
성경 교육

성경에서 가장 아름다운 러브 스토리 중 하나가 결론에 다다른다. 베들레헴의 장로들은 하나님의 역사하심을 인정하며 룻과 보아스에게 축복을 선포한다. 손자인 오벳('하인'이라는 뜻)의 탄생으로 그 가정은 절망적인 상황에서 벗어난다. 이를 가장 기뻐한 사람은 나오미였다.

오벳은 나오미에게 아들과 같았다. 룻의 결혼이 역연혼에 따른 것이기 때문에, 보아스가 그녀의 죽은 아들들을 대신한다는 중요한 의미에서 보면 오벳은 나오미의 아들이었다.

성경은 보아스와 룻에게 이 아이를 주신 분이 하나님이라는 것을 조심스럽게 언급한다. 나오미는 '슬픔'은 모압에 남겨둔 채 베들레헴으로 돌아오자마자 축복을 받았다. 그리고 룻의 신분이 유대민족이 아닌 이방인이었다는 사실은, 우리가 하나님을 아무리 멀리 떠났다 하더라도 그분을 바라보고 그분께로 돌아올 수 있다는 것을 상기시켜 준다.

더 나아가 하나님께서는 우리를 사랑하시기 때문에 극심한 고통과 절망적 상황에 관계없이 우리에게 복을 주실 수 있는 분이시다.

룻을 "일곱 아들보다 귀하다"(완전을 의미)고 칭한 것은 베들레헴의 여인들이 할 수 있는 최고의 찬사이다. 이제 베들레헴에 살고 있는 이 훌륭한 모압 여인은 메시아가 탄생한 다윗의 계보를 이을 만한 가치가 있었다. 이것이 이 이야기의 요점이다. 오벳은 베들레헴에서 태어난 다윗 왕의 할아버지가 되었으며, 이렇게 해서 룻은 이스라엘의 메시아 계보에 들어가게 된다.

룻기는 믿음 없는 사사 시대에 신실하게 살았던 사람들의 전기보다 더 훌륭한 책이다. 이것은 또한 하나님께서 룻의 그 충심을 어떻게 보상하셨는지에 관한 이야기이다. 룻과 보아스의 계보에서 위대한 왕 다윗이 탄생했는데, 다윗은 오늘날까지도 이스라엘에 가장 큰 영광을 가져온 자일뿐 아니라 민족의 가장 위대한 기업을 무를 자, 구세주가 오심을 알리는 전조였다.

chapter 4

|

다윗 - I

이스라엘의 위대한 왕

Biblical Teachings from the Rabbi

| 기름부음 받은 왕 다윗(룻 4:13-22; 삼상 13:7-14; 15:27-28; 16:1-23)

다윗 왕은 성경과 이스라엘 역사에서 기념비적인 인물이다. 베들레헴 출신 이새의 막내아들은, 믿을 수 없을 정도의 난관과 극심한 반대를 극복하고 요단 강 동쪽 지역에서 지중해까지 뻗어 나간 이스라엘 지파를 통일했다. 본론에서 약간 벗어날지 모르겠지만, 흥미로운 점 하나는 다윗이 예루살렘의 변두리에 위치한 베들레헴에서 태어나고 자랐다는 사실이다.

이것이 그가 후에 예루살렘을 유대 왕국의 수도로 세우는 데, 그리고 첫 번째 성전을 그곳에 짓는 데 약간의 영향을 주었을지 모른다.

다윗의 이야기는 여러 면에서 독특하다. 그의 이름은 그가 태어난 기원전 11세기보다 몇 세대 앞서 당초 룻기에 기록되었다. 그럼에도 불구하고 다윗에 관해 처음 언급된 사무엘상 13장 14절과 15장 28절에서는 그의 이름조차 언급되지 않는다!

그러나 사무엘이 다윗에 관해 말한 것은 다윗의 위대함을 나타내는 핵심이다. 하나님께서는 다윗이 "그의 마음에 맞는 사람"이라고 말씀하신다 (삼상 13:14). 사울의 순종은 불완전하고 성의가 없었던 반면, 다윗은 마음을 다해 하나님을 따르고 섬겼다.(사무엘상 15장에서 아말렉을 친 후, 자기 잇속만 챙기고 합리화시키는 사울 왕에게 "순종이 제사보다 낫다"고 말한 사무엘의 꾸지람을 어떻게 잊을 수 있겠는가!)

실제로, 사울은 갈 데까지 갔다. 하나님께서 사울을 버리셨고, 사무엘 선지자에게 베들레헴에 가서 이새의 아들 중 한 명을 다음 왕으로 기름 부으라고 명하셨다.

사무엘은 당연히 이 여정을 두려워했다. 사무엘의 입장에서는, 사울이 이 사실을 알게 된다면 이를 반역 행위로 여겨서 자신을 방어하기 위해 망설임 없이 그를 죽일 수도 있었기 때문이다.

사무엘상 16장 2-3절을 읽어 보면, 하나님께서는 기름부음에 대한 사무엘의 이의제기에 응답하지 않으시고, 재차 순종할 것을 명령하신다.

이는 사무엘의 보호가 하나님의 염려가 될 것임을 암시한다. 사무엘이 해야 하는 것은 하나님께 순종하는 것이었다.(우리 각자에게 믿음과 순종을 마음에 새기게 하는 좋은 교훈이 된다.)

다윗을 선택하신 것은 인간의 의견이나 생각이 아닌, 그분의 기준에 근거하여 통치자를 선택하시는 하나님의 놀라운 이야기이다(삼상 16:7 참고). 그러나 다윗이 하나님의 기름부음을 받은 자였을지라도, 이후 많은 어려움과 모험을 겪게 되어 사람들 앞에서 안전하게 걸어 다니기까지 몇 년이 걸렸는데, 하물며 이스라엘을 지휘하고 다스리기까지는 말할 것도 없을 것이다.

그동안 다윗은 음악가로서의 재능 때문에 궁중에 들어가게 된다. 아이러니하게도, 하나님의 거룩한 계획 안에서 이제 다윗에게 왕위를 내어 주게 된 사울 왕을 섬기기 위해서였다. 또 한 가지 흥미로운 점은 후에 더 큰 선과 더 높은 목적을 위해 하나님께서 원하시는 곳에 우리를 두시려고, 하나님께서는 겉보기에 관련 없어 보이는 재능과 기술을 우리에게 주시고 사용하신다는 것이다. 누군가 말했듯 '위대한 소명으로 가는 징검다리'인 것이다.

│ 골리앗을 물리침(삼상 17:1-58)

다윗과 골리앗의 싸움은 성경에서 가장 유명하고 인기 있는 이야기로 평가받는다. 교회, 회당, 주일 학교 또는 성경 학교에서 이 이야기를 한 번도 접해보지 않은 사람이 누가 있겠는가? (이야기를 듣거나, 연극을 하거나, 그림을 색칠하는 등 어떤 방법으로든 접해보았을 것이다.)

이 이야기는 그 자체로도 정말 훌륭하지만, 그 극적이고 역사적인 배경 안에서 보면 더욱 그렇다.

다윗이 골리앗을 물리친 때는 이스라엘에 승리와 진정한 영웅이 몹시 필요한 시기였다. 사울은 하나님으로부터 버림받았고, 그의 통치는 쇠퇴하고 있었다.

블레셋 사람들은 이스라엘의 대적이 된 바다 민족이었다. 다윗이 베들레헴 서남쪽 해변 엘라 골짜기 이스라엘 군대 진영에 있는 형들을 방문했을 때, 블레셋 사람들은 이스라엘 민족을 다시 위협했다.

많은 사람이 알고 있는 것처럼, 다윗은 작은 강바닥 기슭을 따라 가다가 고함치며 떠들썩하게 도전장을 보내는 골리앗을 보았다. 겉으로 보기에도 위험부담이 거의 없어 보였기에, 자신의 체구와 힘만 믿고 너무 자만했던 골리앗은 패한 군대의 운명은 그가 부추기고 있는 전쟁의 승패로 판가름이 날 것이라고 외쳤다.

이스라엘을 기만하는 눈빛과 자만심에 차 비웃는 목소리로 거만하게 전우들에게로 돌아서는 골리앗의 모습이 상상되는가? 자신은 절대 질 리가 없다고 생각하는 상황에 있는 불량배의 전형적인 모습이다.

머리부터 발끝까지 갑옷과 날카로운 무기들로 무장한 9피트 이상 되는 적군과 싸워야 하는 전쟁에서, 제 아무리 용감한 이스라엘 군사라도 매우 무거운 책임과 부담을 느꼈을 것임은 말할 나위가 없다.

골리앗에 대항해 맞설 수 있는 최고의 군사는 아마 사울이었을 것이다. 그는 왕이자 군대 사령관이었을 뿐만 아니라 이스라엘의 어느 누구보다도 키가 컸고 그에 비할 자가 없었다(9:2).

그러나 싸운 것은 사울이 아니라 다윗이었다. 블레셋 거인의 비하하는 듯한 고함소리를 듣고 다윗은 이 모욕의 실체가 무엇인지 알았다.

골리앗은 단순히 인간인 이스라엘 군대를 모욕한 것이 아니라, 이스라엘의 하나님을 비방한 것이었다(17:26).

하나님의 이름은 하나님께서 이스라엘의 주권자이자 이 땅의 창조주로서 그의 백성 안에 거하신다는 것을 나타낸다. 다윗은 자신의 마음속에 있는 진리와 그분의 권능으로, 승리가 하나님의 손에 달려 있다는 사실을 골리앗이 알게 해 달라고 하나님께 간구했다.

다윗의 깊은 열망은 하나님의 영광을 위한 것으로서, 온 땅이 이스라엘에 하나님께서 계신 줄 알게 하기 위한 것이었다(17:46). 하나님의 능력

안에서 강한 자신감과 양치기가 쓰는 물매 하나로 무장된 담대한 십대 소년 다윗은 골리앗을 물리치기 위해 앞으로 나아갔다. 그리고 나머지는 성경에 적힌 대로다.

시간상 이 중요한 업적은 다윗이 사울의 왕궁에서 섬긴 지 몇 년 후에 일어났을 가능성이 높은데, 이를 통해 그동안 사울이 다윗의 신원을 충분히 조사할 수 있었다는 사실을 알 수 있다.

사울은 다윗이 어떤 사람이었는지 잊어버렸을지도 모른다. 그러나 이제 그는 남은 생애 동안 이 양치는 소년이자 담대한 전사를 의식하여 사로잡히게 되었다.

| 사울로부터 도망하다(삼상 18:1-20:42)

골리앗을 물리친 다윗의 승리는 이 어린 소년의 인생을 그가 상상도 못했던 극적인 방향으로 바꾸었다. 군사로서의 기량과 용기 덕택에 다윗은 금세 사울의 군대 사령관이 되었다.

이스라엘 여인들이 사울보다 다윗을 더 높이는 찬양을 했을 때, 사울은 어린 다윗에게 극심한 질투를 느꼈다. 고대 왕들은 경쟁자가 될 수 있는 상대를 좀처럼 용납하지 않았다. 사울은 다윗의 인기가 높아지면 그와 반대로 자신은 사람들에게 주목 받지 못할 것이라고 생각했다. 사울은 자신의 왕위에 위협을 느꼈다.

슬프게도, 사울의 사고는 이때 즈음 심각히 일그러지게 된다. 성경에서는 사울이 "악령"으로 고통 받았다고 말하는데(10절), 이는 사울왕의 처참한 영적 실패와 반복적인 자기합리화, 불순종에 대한 하나님의 심판의 일부였다.

사울의 마음속에서 다윗은 이미 그의 왕위를 빼앗은 것이나 다름없었다. 다윗은 많은 사람에게 사랑을 받았고, 심지어 사울의 딸 미갈도 이 승리의 전사를 사랑했다.

게다가 사울의 맏아들이자 명백한 후계자인 요나단은 다윗을 형제처럼 사랑해서 그에게 자신의 의복과 무기를 주었는데, 이는 요나단이 다윗을 하늘이 임명한 왕으로 인정한다는 것을 의미했다.

그러나 다윗이 사울의 궁전에서 인기가 있었으며 왕의 사위가 되었다는 사실은 그에게 어떠한 보호막도 제공해 주지 못했다. 사울은 적어도 두 번 다윗을 죽이려고 했다. 또 요나단이 다윗을 사울의 충성스러운 종으로 변호하자 사울은 화가 나서 요나단까지 죽이려고 했다.

요나단은 하나님께서 이스라엘의 다음 왕으로 정하신 사람이 자신이 아니라 다윗이라는 것을 알았고, 사울의 행동으로 다윗이 자신의 가족에게 어떠한 원한도 갖지 않도록 막고자 했다. 이 총명한 젊은이 요나단은 자신을 위해서, 그리고 미숙한 자신의 아버지처럼 하나님의 뜻을 거역하지 않기 위해서 한 번 이상 그렇게 했다.

처음에 요나단은 다윗을 향한 아버지의 화를 누그러뜨릴 수 있었다 (19:1-7). 그러나 그 평화는 오래가지 않았고, 사울이 요나단까지 죽이려 했을 때 그는 다윗이 도망치는 것밖에 길이 없음을 알았다. 이스라엘의 다음 왕은 성경에서 가장 유명한 도망자가 될 운명이었다.

| 다윗이 붙잡힘을 면하다(삼상 21:1-23:29)

이스라엘과 같은 작은 나라에서 도처에 군대와 첩자가 존재하는 왕을 피해 다닐 수 있는 도망자는 상상하기 힘들다.(이스라엘은 미시간호 안에 들어갈 정도로, 뉴저지 주의 크기 정도 된다.) 그러나 다윗은 10년씩이나 사울 왕을 피할 수 있었다.

더 놀라운 사실은 다윗이 혼자만 그림자 가운데서 조용히 옮겨 다닌 것이 아니라, 그의 주위에 함께 다니는 가족과 백성이 무려 600명이었다는 점이다. 사무엘상 뒷장에는 매우 적은 부분이지만 다윗의 이동에 대해 다룬 내용이 나오는데, 이것만으로도 그가 처해 있었던 심각한 위험들을 알기에 충분하다.

다윗을 죽이려는 사울의 집념이 얼마나 강했는지는 예루살렘 북부에 위치한 놉 지역 제사장들에게 닥친 비극을 통해 알 수 있다. 사울은 다윗을 도와주었다는 이유로 그들을 처형하라고 명령했다.

다윗은 놉을 피난처로 삼아서 갔지만, 그곳을 떠나 블레셋 영토인 가드로 도망가야만 했다. 그래서 다윗은 골리앗의 검을 가지고 그의 고향에 들어갔다! 다윗은 가드 왕 앞에서 바로 그의 편인 것처럼 가장했는데, 만약 블레셋의 대적이자 거인을 살해한 자로 인식되면 그의 목숨이 위험할 것이라고 생각했기 때문이다.

지혜롭게도 다윗은 예루살렘에서 남서쪽으로 약 20마일 떨어진 아둘람으로 옮겨 갔다. 다윗의 고결한 성품은 사울 때문에 자신을 배신한 그일라 사람들을 구원한 이야기에서 돋보인다. 사울이 다윗을 도와준 놉 제사장들을 죽였다는 소식이 분명 이스라엘 전역으로 퍼졌을 것이기에 그일라 사람들은 자신들의 목숨을 보존하기 위해 그렇게 한 것이 분명하다. 그일 라 사람들은 놉 사람들과 비슷한 운명에 처하는 것을 원하지 않았다.

요나단이 다윗을 보러 와서 위로해 준 곳이 이 지역이었다. 그러나 하나님께서 사울을 그곳에서 내보내서서 다윗을 위로하셨을 때, 소식을 들은 사울과 그의 군대는 다윗을 잡으러 가까이 오고 있었다.

│ 사울이 목숨을 보존하다(삼상 24:1-26:25)

다윗에 대해 공부하면 그가 용기, 동정심, 숭고함의 자질을 지닌 사람임을 분명히 알게 된다. 양을 치면서 계발된 이러한 자질들은 후에 그가 왕으로서의 역할을 잘 감당하도록 만들었다. 오늘날 하나님께서 그분의 계획 안에서 우리를 다음 목표 단계로 도달하도록 준비시키시는 동안 우리가 인생의 고된 싸움과 방황을 경험하면서 검증받는 것은 가치 있는 일이다.

사울과 다윗의 상호작용을 살펴볼 때, 죄 없는 도망자가 악한 추적자의 목숨을 살려 주는 것은 훌륭한 일임에 틀림없다. 특히 후자가 위험한 상황에서 말이다. 그러나 사울을 죽이지 않겠다는 다윗의 결심은 그의 인간적인 미덕을 넘어 비롯된 것이었다.

다윗은 영적인 사람이었기에, 사울은 자신이 해칠 수 없는 "여호와의 기름부음을 받은" 사람이었다(24:6).

사울이 다윗의 손에 넘겨지면서 그를 따르는 사람들도 사울을 죽여서 수배 중인 도망자 생활을 청산하자고 했지만, 그럼에도 불구하고 다윗은 그 말을 듣지 않았다. 그는 사울을 죽이는 것을 거부하고 대신 자신의 입장을 선처해 달라고 간곡히 부탁했다. 아들같이 사랑했던 다윗을 죽이려는 자신의 시도를 후회하면서 우는 사울의 모습에서 그가 양심의 가책을 느꼈음을 분명히 알 수 있다.

그러나 다윗은 자신의 고된 경험을 바탕으로 사울의 감정은 갑자기 바뀔 수 있으며 치명적인 결과를 가져올 수 있다는 사실을 알았다. 그래서 다윗은 '안전책'을 강구하기로 결정했는데, 나중에 사울이 그를 다시 쫓아왔기 때문에 이는 옳은 결정이었다.

사무엘상 25장을 통해 우리는 다윗이 600명이 넘는 사람들과 함께 사울에게 붙잡히지 않고 피해 다니면서 어떻게 살아남을 수 있었는지를 보게 된다.

그 당시에는 무장한 사람들이 부유한 사람의 가축 떼를 보호해 주고, 그 대가로 얼마를 받았다. 다윗은 헤브론 남쪽에서 8마일 거리에 있는 마온에서 나발을 상대로 이런 일을 했다.

그때 유다의 구릉지대인 십 광야에서 사울과 다윗이 다시 만났다. 사울은 이스라엘에서 가장 강한 군사 3천 명과 함께 있었는데, 이는 다윗을 찾아 죽이려는 그의 의지가 얼마나 강렬한지 보여 준다. 또한 사울을 해칠 수 있는 또 다른 기회가 있었던 다윗은, 다시 한 번 그를 죽이지 않았다.

│ 블레셋 사람들 속에서(삼상 27:1-29:11)

이때 쯤 사울은 다윗을 추격하는 일을 완전히 그만두었지만, 다윗은 여전히 불안해했다. 몇 년 동안 도망 다니던 다윗과 그의 가족 그리고 함께한 사람들 600명은 마지막 16개월을 블레셋 영토에서 망명자로 살았다 (27:7).

다윗은 자신이 적국에서 살게 된다면, 사울이 그를 잡기 위해서 또 다시 침입하지 않을 것이라고 생각했다.

이것이 다윗이 두 번째 가드로 피신한 때였는데, 이번에는 상황이 조금 달랐다. 다윗은 가드의 왕이자 선견지명이 있는 예리한 기획자 아기스에게 환영을 받는다. 그는 다윗이 사울에 맞설 유용한 협력자가 될 것이라고 믿었다.

아기스는 다윗과 그의 사람들이 정착할 수 있도록 시글락 땅을 주었고, 다윗의 군대는 이스라엘의 적들을 습격한다. 다윗은 왕에게 자신이 이스라엘 도시들을 공격하고 있는 것으로 믿게 만들었고, 이렇게 속임으로써 그는 아기스의 사랑과 신임을 받았다.

그러나 다윗은 블레셋 사람들이 예전 하마스와 헤즈볼라를 떠올리게 하는 이스라엘 전면 공격을 위해 군대를 소집하면서, 곧 자기 백성과 맞서 싸우게 될지도 모르는 사태에 직면한다.

그러는 동안 깊은 절망에 빠진 사울은 미래를 결정하기 위해 죽은 사람과 연결시켜 주는 무당을 찾아간다. 이것은 율법에 금지되어 있었지만 (레 19:31), 하나님께서는 사무엘을 통해 사울의 파멸을 알리는 전갈을 전달하시기 위해서 개입하셨다. 사울의 영적 타락은 갈 데까지 갔고, 그의 패배는 임박해 있었다.

하나님의 반감 속에서 몇 년의 세월을 보낸 사울은 자신의 운명을 마감한다. 그 메시지는 몹시 괴로운 것이었다. 사울의 아들들도 죽을 것이고, 이스라엘은 그의 개인적인 실패 때문에 고통 받을 것이었다.

그러나 다윗은 아기스 군대 사령관들의 불신으로 궁지에서 벗어나게 되는데, 그들은 자신들을 상대로 다윗이 거둔 전설적인 승리를 잊지 않고 있었다. 블레셋 왕은 마지못해 다윗을 '해고'해야만 했고, 이것은 다윗에게 쉬운 탈출구를 마련해 주었다.

│ 승리와 비극(삼상 30:1-31:13)

다윗은 운이 좋게도 자신의 동족 이스라엘과 대항해 블레셋 사람들과 싸울 것인지, 아니면 블레셋 군대를 공격하여 자신과 함께 있는 사람들의 목숨을 위태롭게 만들 것인지 하는 괴로운 결정에서 벗어나게 되었다.

그러나 다윗이 블레셋 군과 함께 가지 않게 되었다고 해서 문제가 없었던 것은 아니었다. 아말렉 침입자들이 다윗이 없는 사이 시글락에 와서 도시를 불태우고, 여자와 어린아이들을 포로로 끌고 간 것이다.

이것은 여러 가지 면에서 위기였다. 사람들이 그들의 분노와 슬픔을 드러내면서 그를 돌로 치려고 했기 때문이다! 흥미로운 점은 다윗의 사람들이 그에게 등을 돌렸을 때 다윗은 은신처이신 하나님께로 눈을 돌렸으며, "그의 하나님 여호와를 힘입고 용기를 얻었다"는 것이다(30:6).

그러나 어마어마한 전리품을 가지고 가족들이 돌아오자, 다윗은 모두에게 용서받았다. 그는 자신이 이스라엘 왕좌에 앉을 것을 내다보고 전리품을 몇몇 유다 장로들에게 보냄으로써 날로 발전하는 외교적 수완을 보여 주었다. 다윗은 자신이 이스라엘 왕위를 요구할 때가 왔을 때 그들의 후원과 협력이 필요하다는 것을 알았다.

사울과 그의 아들들이 블레셋과의 전쟁 중에 갈릴리해 남쪽 길보아 산에서 목숨을 잃게 되면서, 그날이 바로 앞에 다가온 것이다. 성지순례에 참여했던 내 친구 한 명은 베트셰안에 서서 요르단 골짜기 북쪽과 동쪽 건너편 길르앗 산을 바라보았다. 그곳은 용감한 사람들이 사울의 시체를 찾아 장사했던 곳이었다.

유대인의
성경 교육

chapter 5

|

다윗 -II
시련과 시험

Biblical Teachings from the Rabbi

| 슬픔과 애도(삼하 1:1-27)

길보아 산에서 사울 왕과 그의 아들 요나단이 목숨을 잃자, 다윗이 이스라엘 왕위에 올랐다. 그들이 죽었다는 소식에 다윗은 깊은 슬픔에 빠졌다. 사울이 후에 그를 죽이려고 시도했음에도 불구하고, 다윗은 분명 사울을 사랑했다.

그리고 요나단은 다윗의 가장 소중한 친구였으며, 형제보다도 가까운 존재였다. 곧 왕이 될 양치기 소년의 상실감은 실로 배가 되었다.

다윗은 이 두 사람만 사랑했던 것이 아니라, 하나님께서 사울에게 기름 부으셨다는 사실을 매우 진지하게 받아들였다. 우리가 지난 장에서 논의했듯이, 다윗은 사울을 해칠 수 있는 기회를 여러 번 거절했다. 그리고 다윗은 지금 아말렉 사람들, 즉 증오하는 원수가 감히 이스라엘의 왕(다윗이 뒤를 이을 것으로 여겨지는)을 죽였다는 사실에 분노한다.

여기서 비극적인 역설이 발견된다. 사울이 하나님께 순종하지 않고 아말렉 사람들을 죽이지 못했기 때문에 하나님께서는 사울의 왕국을 빼앗고 그를 왕으로 인정하지 않으셨다(삼상 15:1-11). 그리고 이제 한 아말렉 사람이 사울 왕을 죽였다고 말한다! 오늘 우리가 대수롭지 않게 여기는 문제가 어떻게 해서 내일의 더 큰 문제로 변할 수 있는지를 보여 주는 매우 좋은 예이다.

그런데 계속 읽어 나가다 보면, 그 아말렉 사람은 자신이 다윗의 경쟁자를 어떻게 제거했는지 알려서 다윗의 호의를 얻으려고 거짓말을 했음을 알 수 있다.

그러나 그 계획은 예상을 뒤엎는다. 전갈자의 거짓 증언을 들은 다윗은 그에게 사형 판결을 내렸고, 그는 곧바로 처형당했다.(여기서 자신의 이익을 위한 거짓 증언의 수확 체감이라는 교훈을 얻을 수 있다.)

다윗과 그의 사람들이 사울과 요나단을 위해서 하루 종일 슬퍼했다는 것을 알 수 있다. "이스라엘의 노래 잘 하는 자"(삼하 23:1)인 다윗은 아름다운 애가(삼하 1:19-27)를 작곡함으로써 그의 시적인 재능을 보여 주었다. 또한 이 시를 유다의 모든 사람이 배우고 암송하도록 했다.

그러나 다윗은 이 소식이 블레셋에는 전해지지 않기를 원했다. 왜냐하면 이스라엘의 여성들이 수년 전 사울과 다윗의 승리에 대한 노래를 불렀던 것처럼(삼상 18:7), 블레셋 여인들이 사울과 요나단의 죽음을 기뻐하는 것을 원하지 않았기 때문이다.

| 내전이 발발하다(삼하 2:1-4:12)

사울의 죽음 직후, 다윗은 태동하는 내전에 밀려들었다. 이스라엘의 왕위가 현재 비어 있었기 때문에, 다윗은 하나님 편에서 유다의 왕으로 기름부음을 받았다. 이것이 다윗의 '두 번째 기름부음'이었는데, 첫 번째는 공개적으로 이루어졌다.

그러나 사울의 추종자들은 여기에서 이스라엘로 언급되는 북쪽 왕국에서 권력을 쥐고 있었다.(후에 솔로몬 왕의 통치 아래 민족이 이스라엘과 유다 왕국으로 나뉘게 되는 전조가 되었다.) 사울과 다윗의 신복들 사이에서 맹렬한 전쟁이 발발했을 때, 다윗과 사울의 집안 사이에 팽배했던 경쟁의식은 극에 달했다.

이 전쟁의 핵심은 각 군대의 지휘관이었던 아브넬과 요압 사이에 존재하는 갈등이었다. 전쟁 중 아브넬이 아사헬에게 돌아가라고 경고했음에도 불구하고 아사헬이 계속 쫓아오자, 아브넬은 요압의 형제인 아사헬을 죽였다. 다시 말해서, 아브넬은 자기방어를 위해 아사헬을 죽였다. 그러나 복수를 맹세한 요압에게 그것은 문제가 아니었다.

그동안 아브넬은 사울의 아들이자 북쪽 지파의 꼭두각시 왕인 이스보셋을 배반하고 다윗의 진영으로 망명했다.

아브넬은 사울의 집안이 힘이 없다는 것을 알았고, 다윗과 연합하여 그를 이스라엘의 왕으로 세우는 일을 돕고 싶어 했다. 그는 또한 하나님께서 이스라엘을 다스리도록 다윗에게 기름 부으셨다는 것을 알았다.

요압은 아브넬의 존재가 다윗의 군대 지휘관으로서 자신의 존재에 위협적이라고 생각했고, 그에게 복수할 기회가 오자 그렇게 했다. 베냐민 지파 암살자 두 명이 이스보셋을 살해하면서 궁 음모론은 계속되었고, 그들은 다윗 왕을 기쁘게 해서 보상을 받길 바랐다.

그러나 다윗은 그들의 처형을 명했고 자신의 사람들에게 이 일을 교훈으로 삼아 가르쳤다. 이스보셋은 자신의 아버지 사울과 같이 하나님의 기름부음을 받은 자가 아니었다. 그러나 그는 "의인"(4:11)이었고, 이것이 그의 죽음을 냉혹한 살인 행위로 만들었다.

기름부음 받은 왕국(삼하 5:1-8:18)

사울의 아들이 죽음으로써 이스라엘(북쪽 지역) 왕위로 가는 길이 다윗에게 열려 있었다. 심지어 사울에게 충성스러웠던 북쪽 지파 사람들까지 와서 겸손하게 다윗의 통치권을 인정했다.

그래서 '세 번째'로, 다윗은 이스라엘의 왕으로 기름부음을 받았다(현재 연합 왕국). 사무엘하 5-10장에서는 다윗을 향한 하나님의 계속되는 축복과 왕국의 번영에 대해 이야기한다. 왕이 된 다윗의 첫 번째 행동은 하나로 연합하는 것이었다. 그는 남쪽 유다 지파와 북쪽 이스라엘 지파의 경계 사이에 있는 예루살렘을 수도로 선택했다.

그 당시에도 고대 도시였던(창 14:18) 예루살렘은 여호수아 시대 이래로 여부스인의 요새였다(수 15:63). 그곳 사람들은 다윗을 조롱했지만 그의 군대는 거만한 여부스인들을 물리쳤고, 다윗은 예루살렘을 "다윗 성"이라 이름 붙였다(삼하 5:7). 다윗이 그곳에서 남쪽으로 단지 몇 마일 떨어진 베들레헴의 작은 마을에서 자랐다는 사실을 기억하라.

다윗 군대의 승리는 여기서 멈추지 않았다. 다윗은 블레셋과 이스라엘을 위협하던 다른 적들을 군사적·종교적으로 쳐부수었는데, 우상숭배자들의 예배가 이스라엘 자녀들을 타락하게 할 수 있었기 때문이다.

더욱 중요한 것은 다윗이 여호와의 궤를 예루살렘으로 가져와 예루살렘을 이스라엘의 정치적인 수도일 뿐 아니라 영적인 수도로 세웠다는 것이다.

하나님께서 모세에게 지으라고 명령하신 성막에서 가장 중요한 물품인 궤는 그분의 백성 사이에서 하나님의 특별한 임재를 상징한다.

다윗이 그 궤를 예루살렘으로 가지고 온 것은 예루살렘을 영적 수도로 만들려고 했다는 것을 암시한다. 또한 역사적으로 볼 때, 다윗이 예루살렘에 오른 것은 다른 무슬림이나 아랍 세력이 지배하기 훨씬 이전이며, 코란과 알라가 등장하기 전이었다.

하나님께서는 언약으로 다윗의 혈통을 영원히 세우셨다. 이에 다윗은 찬양과 감사의 기도로 반응했다. 이윽고 다윗은 이스라엘과 하나님을 위해 위대한 왕국을 세웠다.

다윗은 하나님을 신실히 경외했다. 사울처럼 자기 자신이나 자본을 믿기보다 하나님을 믿고 순종하였기 때문에 이 언약을 받을 수 있었다.

하나님께서는 다윗이 마음으로 하나님을 따랐다는 것을 아셨다. 다윗의 신실한 응답은 왜 하나님께서 다윗을 왕으로 세우시고, 그에게서 구세주가 나게 하셨는지를 증명해 준다.

| 자비로운 용사(삼하 9:1-13)

사무엘하 9장은 다윗이 자신의 왕국을 보호하기 위해 한창 전쟁을 치르는 중에 잠시 쉬어 가는 시간이다.

지금까지 봤듯이, 다윗은 용서와 동정심이 많은 사람이었다. 몇 년 동안 자신을 박해하고 죽이려 했던 사울에게도 그러했다.

이런 자질들은 분명 다윗을 "하나님의 마음에 맞는 자"(삼상 13:14)로서 분별하는 데 도움이 된다. 땅을 정복하는 데 있어서 자비로웠던 다윗은, 절대 권력을 행사할 때도 계속해서 이런 특성을 보여 주었다.

요나단의 아들이자 사울의 손자인 절름발이 므비보셋에게 베풀어 준 다윗의 친절은 그의 마음을 가장 잘 나타내 준다. 므비보셋이 장애가 있었다는 사실은 다윗 앞에서 그의 지위가 보장되지 않았다는 것을 알려 줄 뿐 아니라, 쉽게 복수할 수 있었지만 선을 행한 다윗의 친절함을 강조하는 역할을 한다.

그저 자비로운 마음으로 대한 것 이상으로, 다윗은 사울의 가족 중 혹시 자비를 베풀어야 할 남은 사람이 없는지 적극적으로 찾아보았다. 다윗은 수년 전에 요나단의 부탁에 대한 응답으로 맺은 개인적인 약속을 열심히 지키려고 했다. "여호와께서 너 다윗의 대적들을 지면에서 다 끊어 버리신 때에도 너는 네 인자함을 내 집에서 영원히 끊어 버리지 말라"(삼상 20:15).

시간이 흘러도 친구 요나단을 향한 다윗의 깊은 애정은 조금도 줄어들지 않았는데, 약속을 지키는 다윗왕의 열심이 이를 증명한다.

다윗은 그의 언약을 지켰고, 므비보셋을 왕족처럼 대우했다! 많은 왕이

유대인의
성경 교육

경쟁자가 될 만한 사람들을 잔인하게 제거했던 것에 반해, 다윗은 자신의 왕조를 자비로 강하게 만들었다.

다윗은 사울의 재산을 므비보셋에게 돌려주었고, 매일 왕의 상에서 먹게 해 주었다.

또한 다윗은 사울의 시종이었던 시바와 그의 아들들에게 명하여 조상 대대로 물려받은 므비보셋의 땅을 경작하고 그의 재산을 돌보게 했다.

| 더 많은 적군(삼하 10:1-9)

다윗은 자비로운 용사였지만, 여전히 이스라엘의 적군을 물리쳐야 했다. 그 이유가 조금 이상한데, 여기에 묘사된 전쟁은 만약 암몬의 왕 하눈이 다윗의 진실한 애도를 그대로 받아들였다면 완전히 피할 수 있었기 때문이다.

그러나 하눈은 분별없는 관리들이 말한 매우 어리석은 충고를 받아들였다. 비록 잘못된 생각이었지만, 그들은 정말로 다윗의 사절단이 정탐꾼이라고 믿었을 수 있다. 아니면 수십 년 전 사울왕 때 암몬이 당한 패배를 복수하기 위해서 다윗과 대항해 고의로 전쟁을 일으켜 이스라엘에 승리를 얻을 심산이었을지도 모른다.

이유가 무엇이든지, 다윗의 관리들은 어떤 도발행위나 이유도 없이 암몬 사람들에게 모욕과 수치를 당했다. 이렇게 불필요한 당혹스러움을 주는 행위는 암몬 사람들이 이스라엘에게 싸움을 거는 것처럼 보이게 한다.

당시에는 소문이 그렇게 빨리 퍼지지 못했겠지만, 승승장구하고(한 번도 지지 않고) 있는 다윗의 입장에서 암몬 사람들의 결정을 고려해 본다면, 이런 생각이 들 것이다. "대체 무슨 생각으로 이러는 거야?"

이 부인할 수 없는 정보에도 불구하고, 암몬 사람들은 인접해 있는 아람 지역에서 3만 3천명의 용병을 고용했다. 이스라엘에게는 이것이 또 하나의 공격 행위였다. 당시 다윗의 군대는 요압과 그의 형제 아비새의 지휘 아래 굉장한 승리를 거두었다.

그러나 아람 사람들은 이것을 교훈으로 삼지 않았던 것이 명백한데, 그들은 군대를 재정비하고 또 다시 원군을 보내 두 번째로 이스라엘에 왔기 때문이다.

이번에는 다윗이 직접 하나님의 군대를 승리로 이끌었다. 성경은 확실하게 이야기하고 있지 않지만, 아마 다윗은 이 위협을 끝낼 때가 왔다는 것과 그러한 대군을 상대로 군대를 이끌어야 한다는 책임을 느꼈을 것이다.

실제로 이것은 이스라엘의 대전사가 또 다른 적에게 비참한 전쟁의 패배를 맛보기 전에 성경에서 그의 승리가 마지막으로 기록된 부분이다.

| 다윗과 밧세바(삼하 11:1-27)

다윗과 밧세바가 만난 이야기는 확실히 성경 전체를 통틀어 가장 불명예스러운 순간 중 하나이다.

흥미롭게도, 이 사건은 전쟁에서 다윗이 군대를 선두 지휘하여 아람인들을 완패시킨 의기양양한 모험이 끝나자마자 뒤이어 발생한다. 그러나 이번에 다윗은 암몬 사람들을 멸하기 위해 요압을 보냈다. 암몬 사람들은 우리가 앞에서 보았던 압도적인 패배를 전혀 교훈으로 삼지 않았던 이스라엘의 또 다른 적이다.

여기서 잠시 멈춰서 오늘날 이스라엘의 적들을 살펴보면, 거의 변한 것이 없고 많은 점에서 동일하다는 것을 알 수 있다. 이스라엘의 적들은 계속해서 이스라엘보다 더 많은 수의 병력으로 열심히 공격을 개시하지만, 호되게 패배할 뿐이다.

그러고 나서 또 다른 맹렬한 공격이 시작된다. 슬프게도, 이 경솔하고 더디 배우는 사람들에게는 배운 것이 거의 아니 전혀 없는 것 같다.

그럼에도 불구하고 군대가 전쟁에 나가 있는 동안, 다윗은 군대와 함께 전쟁터로 나가는 대신 예루살렘에 있는 집에 머물러 있었다. 그는 왕궁 옥상에서 거닐다가 밧세바가 목욕하고 있는 모습을 보았다. 언뜻 보기에 그녀는 평상시처럼 행동한 것 같지만, 뒤이은 사건에 그녀의 책임도 있다고 보는 신학자들도 있다. 순간적으로 인간의 연약함에 이끌려, 다윗은 유혹에 빠졌고 밧세바를 취하기 위해 사람을 보낸다.

다윗도 너무나 연약한 인간이었기 때문에, 이 사건에서 가장 놀라운 것은 다윗이 타락했다는 사실이 아닐 것이다. 이보다 받아들이기 어려운 점은 그가 밧세바의 남편인 우리아를 죽이면서까지 자신의 죄를 숨기려고 했다는 것이다.

어쨌든 다윗은 하나님의 마음에 합한 사람이었다. 그러나 다윗은 우리아가 밧세바와 동침하기를 바라면서, 전선에 있던 우리아를 집으로 보낸다. 다윗은 이것으로 밧세바의 임신을 해명할 수 있고, 왕과 밧세바의 스캔들을 피할 수 있을 것이라고 생각했다.

그러나 명예를 걸고 전우가 되겠다는 우리아의 헌신은 다윗의 계획을 좌절시켰다. 그리고 다윗은 우리아를 전쟁터에서 제거함으로써 자신의 문제를 더욱 악화시켰다.

적어도 1년 동안 자신의 죄를 인정하지 않는 다윗의 모습은, 인간의 양심은 부패하기 쉬우며 자신이나 타인이 어떤 희생을 치른다 하더라도 우리 자신의 이익을 지키려는 욕망과 속임수에 빠지기 쉽다는 것을 상기시켜 준다.

아마 두 가지 중요한 요소가 없었다면 다윗은 계획에 성공했을지도 모른다. 다윗 스스로 양심의 가책을 느꼈다는 것과 11장 마지막 절에 불길하게 언급하고 있는 내용이다. "다윗이 행한 그 일이 여호와 보시기에 악하였더라"(27절).

| 왕의 회개(삼하 12:1-31)

다윗이 밧세바와의 불륜과 뒤이어 그녀의 남편 우리아를 살해한 치욕을 성공적으로 은폐했다고 생각하고 있을 때, 전혀 예상치 못했던 일이 일어난다.

하나님께서는 왕의 죄를 해결하기 위해서 가능한 한 가장 직접적이고 놀라운 방법을 선택하셨다. 나단 선지자는 왕의 정의감을 격분시킬 수 있는 기발한 이야기를 들고 다윗을 찾아 왔다.

선악을 구별할 수 있는 다윗은, 나단이 이야기한 죄인은 그가 빼앗은 것의 네 배를 돌려주어야 한다고 말하면서 형벌을 선고하기까지 했다.(이 부분은 다음 장에서 더 다루게 될 것이다.)

이야기를 듣자마자 다윗은 격렬하게 덫에 빠져들었고, 나단은 이 말만 던지면 되었다. "당신이 그 사람이라!"(삼하 12:7) 다행히도, 다윗은 하나님의 마음에 가까운 사람들에게서 볼 수 있는 회개의 영을 보이면서 자신의 죄를 곧바로 자백한다.

그러나 다윗은 자신의 죄를 회개하기 위해 제물을 바치지 않았는데, 이 것은 모세의 율법에서 일반적으로 요구되는 조건이었다. 다윗이 희생제물을 바치지 않은 이유는 강간이나 살인에 대해서는 희생제물이 없었기 때문이다. 십계명의 제 6,7번째 계명으로, 율법적으로는 둘 다 사형 죄에 해당했다(13절). 다윗은 하나님의 큰 은혜로 죄를 깨끗이 용서받았다.

나단의 이야기에 등장하는 범죄자에게 다윗이 공표한 4배의 형벌이 거의 그대로 이루어졌다. 다윗은 결국 아들 4명을 일찍이 잃었다.

다윗이 밧세바와 간통하여 얻게 된 이름 없는 아기(18절), 암논(삼하 13:28-29), 압살롬(삼하 18:15) 그리고 아도니야(왕상 2:25)가 이에 해당한다.

그리고 하나님께서는 다윗의 형벌이 온 이스라엘에게 왕의 경솔함과 기만을 알려 주면서 공개적으로 이루어질 것이라고 하셨다.

그러나 마치 왕으로서 끝난 것이 아니라는 신호와 같이, 하나님께서는 이스라엘 군대가 암몬 사람을 패배시키고 정복했던 것처럼 그에게 또 다른 큰 승리를 주셨다. 그러나 다윗의 죄 때문에, 그는 곧 그의 가족과 왕국을 휩쓸어 버릴 재앙과 혼란을 보게 될 것이었다.

인간적인 육신의 유혹들은 참으로 순간적이고 유쾌하지만, 그 결과는 길고 고통스럽다.

chapter 6

|

다윗 -Ⅲ
통치 말기

Biblical Teachings from the Rabbi

| 죄와 죽음(삼하 13:1-39)

다윗의 이스라엘 통치 말기는 찬란한 승리와 그의 마음을 찢는 참담한 비극으로 얼룩져 있다. 후자는 주로 왕 자신의 어리석은 판단으로 인한 결과라고 볼 수 있다. 실제로 이러한 재앙들은 나단을 통해 내리신 하나님의 형벌이었는데, 다윗이 밧세바를 범한 일 때문에 그의 남은 인생에서 가족들이 폭력으로 고통 받게 되었다(삼하 12:10-12).

다윗의 말년 이야기는 모든 갈등 중에서 대체로 가정의 혼란이 가장 고통스러운 것이라는 사실을 따끔하게 상기시켜 준다. 우리가 사무엘에게서 배운 것처럼(삼상 8:3), 큰 대립으로 발전하기 전에 우리 가정(또는 삶)의 문제를 다루는 것이 중요하다. 때로는 친절한 말과 행동만으로도 가족 구성원 사이의 긴장이 완화되고 치유가 일어나기도 한다.

다윗의 경우에는 불행히도 그 죄가 거친 말을 하거나 모욕하는 정도를 훨씬 넘어섰다. 다윗의 딸 다말에게 충격적인 성폭력을 저지른 다윗의 아들 암논이 남은 생애 동안 다윗의 집을 고통 속에 몰아넣을 첫 타자였다.

다말은 압살롬(다윗의 다른 아들)의 누이였다. 히브리 구전에 따르면 둘 중에 다말이 손위였다고 한다. 다말의 친 남동생으로서, 압살롬은 누이의 모욕을 갚아야 한다는 의무감을 느꼈을 것이다.

암논은 다윗의 첫 번째 아들로, 왕위를 물려받을 자였다. 암논이 다말을 범한 죄를 알게 되었을 때, 다윗은 화가 났지만 그를 벌하기 위한 어떤 조치도 취하지 않았다(삼하 13:21).

아마 자신이 이전에 밧세바를 범한 죄를 떠올려서 그랬을 수도 있고, 아니면 육신의 죄를 간과하는 다윗의 모습을 보여 주는 또 다른 예일지도 모르겠지만, 어쨌든 그 문제는 방치되었다. 그러나 압살롬은 분노가 끓어올랐고, 범죄가 일어난 바로 그날 복수를 계획하기 시작했다(32절). 그는 다윗과 암논 모두가 자신이 복수할지 모른다는 어떤 혐의도 느끼지 못하도록 2년을 기다린 것 같다.

그가 복수할 시간이 왔다고 느꼈을 때, 압살롬은 암논에게 양의 털을 깎는 행사에 가자고 권유한다. 이것이 또 다시 다윗의 의심을 일으키지만, 압살롬은 모든 것이 잘 될 거라면서 그의 아버지를 설득하였다.

저녁식사 자리에서 암논의 마음이 "즐거워할 때"(28절), 압살롬은 복수를 위해 그를 살해한다. 압살롬이 암논을 살해한 일과 다윗이 밧세바의 남편 우리야를 살해한 일 사이에는 굉장히 유사한 점이 있다. 다윗과 압살롬 모두 그 사람을 죽이기 위해서 상황을 설정하고, 다른 사람에게 그 일을 수행하게 한다. '아버지의 범죄'가 그 가정의 아들들에게서 재발했음을 보여 주는 분명한 증거이다.

여기서 우리에게 주는 메시지는 부모로서(또는 지도자로서) 우리의 방치

된 행동이 우리의 후손(제자)들에게 다시 드러나게 될 것이라는 점이다. 암 논을 살인한 뒤, 압살롬은 갈릴리해 동쪽인 그술로 도망가서 자신의 할아 버지 달매와 함께 머무른다. 다윗은 압살롬을 몹시 그리워했지만, 그가 예 루살렘으로 돌아오도록 허락하지 않았다.

다윗은 자신의 죄에 대해서 그러했던 것처럼 자기 아들들에게도 관대 했다. 그는 분명 전형적인 관대한 아버지상이 될 수 있었다. 다윗은 암논이 다말을 강간한 일만 간과했던 것이 아니라 살인을 저지른 압살롬도 처벌하 지 않았다. 모세의 율법에 따르면 둘 다 사형에 해당하는 죄였다.

애석하게도 이 이야기는 뿌린 대로 거둔다는 것을 보여 주는 확실한 예 이다. 또한 자식이나 우리의 책임 아래에 있는 사람들의 행동뿐만 아니라 우리 자신의 행동에도 책임을 져야 한다는 또 하나의 요청이다.

| 망명에서 돌아옴(삼하 14:1-33)

이스라엘의 역사에서 다윗 왕이 갖는 중요성은 아무리 강조해도 지나 치지 않다. 그의 지도력은 이스라엘의 안보와 번영의 핵심이었기에, 왕의 안녕을 위해서라면 어떤 방법도 허용되었다. 그래서 오랫동안 다윗의 장관 이었던 요압이 왕의 사기를 끌어올리기 위해 망명한 다윗의 아들 압살롬 의 귀환에 공을 들이는 모습을 볼 수 있다.

요압은 다윗이 압살롬으로 인해 슬퍼하며 그리워한다는 것을 알았다. 그는 왕을 오랫동안 섬겼기 때문에 말하지 않아도 그의 생각과 기분을 읽 을 수 있었다. 요압은 폭력과 전쟁을 일삼는 사람이었지만, 우리는 다윗의 감정과 정신적인 번영을 걱정하는 그의 깊은 우려에 감탄해야 한다.

요압에게서 힌트를 얻어, 한 유명한 격언을 이렇게 바꾸어 쓸 수 있을 것이다. "친구의 괴로움을 덜어 줄 수 없다면, 고통은 주지 말라."

요압은 다윗에게 무엇이 필요한지를 알았다. 그러나 다윗 군대의 약삭빠른 지휘관은 다윗이 사람들에게 체면을 구기지 않으면서 압살롬이 돌아올 수 있는 길을 마련하기 위해서 어떤 조치가 필요하다는 것 또한 깨달았다. 그래서 요압은 베들레헴 남쪽에서 약 6마일 떨어진 드고아에서 한 여자가 문제를 해결하기 위해 다윗을 찾아온 상황을 계획했다.

그 여자는 자신도 한 아들이 다른 아들을 살해하여 고통 받고 있는 체하면서 요압이 다윗에게 원하는 것을 얻을 때까지 계속해서 탄원하고, 결국 그 살인자가 어떤 피해도 받지 않을 것이라는 왕의 약속(11절)을 얻어 낸다. 그리고 나서 그 여자는 국면을 전환하여 왕에게 화살을 돌린다. 알지 못하는 범죄자의 안전은 보장해 주면서, 어떻게 자신의 아들 압살롬에게는 동일한 보호를 적용하지 않을 수 있겠는가?

곧 다윗은 자신이 함정에 빠졌고, 그 배후에 요압이 있었다는 사실을 깨달았다. 요압이 다윗을 잘 알았던 것처럼 다윗도 요압이 어떤 사람인지 잘 알고 있었다! 스스로 공표했기 때문에 다윗은 약속을 지켜야만 했고, 압살롬은 3년의 추방생활 끝에 집으로 돌아오게 되었다. 그러나 그는 예루살렘에 있는 자신의 거처에 갇혀 왕인 자기 아버지의 얼굴을 볼 수 없었고, 이런 상황은 2년 이상 지속되었다.

사무엘하 14장은 다윗과 압살롬의 화해로 끝나지만, 왕가의 문제는 결코 끝나지 않았다.

근본적인 범죄 행위는 한 번도 다뤄진 적이 없다. 단지 세월이 흐른다고 해서 모든 상처가 치유되는 것이 아니라는 사실이 15장에서 드러난다. 아니면 내 친구의 말처럼, "상처는 치유될 수 있지만, 흉터는 영원히 남는다." 굴곡이 많았던 다윗의 인생을 살펴보면, 우리 자신의 인생을 보는 데 도움이 된다. 용서에는 연관된 행위의 결과가 수반되기 때문에 용서 그 자체가 면제받았다는 것을 의미하지 않는다.

다윗은 결국 가족들의 마음을 찢어지게 만든 그 문제를 정리하기 위해서 어떤 조치도 취하지 않고 5년이라는 세월을 흘려보냈다. 우리는 다윗의 경험을 통해서, 저절로 해결될 것이라는 생각으로 심각한 문제들을 덮어 두어서는 안 된다는 것을 배울 수 있다. 성경에서 다윗의 삶을 통해 우리에게 보여 주듯이, 절대 그렇게 되지 않는다.

| 압살롬의 반역(삼하 15:1-17:23)

압살롬이 다윗에게 추방되어 그술과 예루살렘에서 떨어져 지내는 동안 그는 아버지에 대한 원한을 품게 되었고, 그 원한은 아버지에 대한 비통과 반역으로 변했다.

이것이 압살롬의 반역에 어느 정도 영향을 미쳤을 수 있지만, 그 또한 거만하고 고집이 세며 쉽게 화를 내는 사람이었다. 사무엘하 14장 25-26절에 따르면 압살롬의 외모가 매우 출중해서 사람들의 마음이 저절로 끌렸다고 한다. 여기에서 우리는 그가 또한 매력적이고 빈틈없는 사람이었음을 알 수 있다.

어떤 경우든지, 압살롬의 음모는 분명히 세심하게 계획되었다는 사실이다. 그는 자신의 매력과 잘 생긴 용모를 이용하여 사람들의 환심을 산 뒤 그들로 하여금 다윗에게 등을 돌리게 만들었다.

다윗의 모사들을 자기편으로 끌어들여 왕에게 충성하는 영원한 지지 기반이 될 수 있었던 곳에서 다윗의 지위를 심각하게 약화시키려는 그의 노력을 보면, 압살롬이 얼마나 약삭빠른 사람인지 분명히 드러난다. 그런 후 압살롬은 예루살렘 남쪽에서 20마일 떨어진 헤브론의 중요 도시를 선정해 자신을 왕으로 선언한다. 여러분은 여기가 바로 다윗이 처음 통치를 시작했던 곳임을 기억할 것이다(삼하 2:1-4). 거듭 말하지만, 자녀는 부모의 길을 따라간다.

"마땅히 행할 길을 아이에게 가르치라"는 말씀과 이것을 반대로 바꾼 "마땅히 행하지 말아야 할 길을 아이에게 가르치라. 그리하면 늙어도 그 것을 떠나지 아니하리라"는 잠언 22장 6절 말씀이 이 상황에 얼마나 잘 들어맞는가.

압살롬이 스스로 왕이 되었다는 소문이 예루살렘에 퍼지자, 다윗은 수 도를 떠날 준비를 한다. 다윗은 압살롬과 싸울 마음이 없었고, 거룩한 성 과 그의 백성을 황폐한 전쟁에서 면하게 하고 싶었다.

다윗과 그의 추종자들은 예루살렘을 떠나 감람산을 오르고 요단강을 건너 일단 압살롬의 손이 닿지 않는 곳으로 갔다. 어떻게 하여 '요단강 동 쪽'이 성경에 등장하는 인물들에게 망명과 도피의 땅이 되었는지 주목한 적이 있는가?

흥미롭게도 다윗과 함께 달아난 제사장들과 레위 사람들은 예루살렘 에서 언약궤를 운반해 왔다(삼하 15:24). 그러나 다윗은 궤의 존재가 하나님 의 주권으로 예정하신 왕의 미래에 영향을 미치지 않을 것이라는 것을 알았기 때문에, 그 거룩한 궤를 성읍으로 다시 돌려보냈다.

또한 다윗이 언약궤에 아무 일도 일어나지 않기를 바란 것도 분명한 사실이다. 만약 험준한 산과 사막을 건너 망명의 땅으로 그 궤를 옮긴다면 어떤 일이 생길지 모를 일이다.

나머지 이야기는 다윗이나 압살롬과 함께했던 많은 사람의 충성심이 어디에서 나왔는지 분명하게 보여 준다. 다윗의 충성스러운 신하 후새는 압살롬이 다윗을 추격하는 일을 늦추도록 설득하기까지 했는데, 이로써 다윗과 그의 군대에게 재편성할 시간을 마련해 주었다.

그런데 그때 사울의 집에서 살아남은 시므이란 자가 나타나서, 사울에게 일어난 모든 참사와 그의 집이 왕위를 잃게 된 일에 대해 다윗에게 개인적인 책임을 들먹이며 비난한다.

하나님의 섭리로 다윗을 추격하는 일을 지체하게 된 압살롬의 결정은 그가 실패하게 된 원인이라고 볼 수 있다.(에스더 3장 7절에 하만이 유사하게 시간을 지체하게 된 내용 참조. 하나님께서 그분의 백성을 구원하시기 위해서 시간을 어떻게 사용하시는지 112쪽을 보라.) 성경은 압살롬의 사악한 계책이 결코 성공하지 못할 것임을 보여 준다. "여호와께서 압살롬에게 화를 내리려 하사 아히도벨의 좋은 계략을 물리치라고 명령하셨음이더라"(17:14).

이 교훈은 오늘날에는 구식으로 보이는 인간의 자질을 강조한다. 바로 충성이다. 그러나 성경에서는 "친구는 사랑이 끊어지지 아니하고 형제는 위급한 때를 위하여 났느니라"(잠 17:17)고 말씀하신다.

특별히 유대인과 기독교인들 사이에 벌어진 2000년 동안의 불화를 끝내고 이제 이해, 협동 그리고 '위급한 때를 위하여 난' 진정한 형제로서 상호이해를 확립하도록 시도해야 한다. 이것을 우리의 우정의 표어로 삼자.

| 패배와 모욕(삼하 17:24-18:33)

압살롬의 패배와 죽음에 대한 이야기를 읽어 보면, 다윗의 슬픔이 얼마나 깊었고 그의 충성스러운 신하들이 왕을 얼마나 존경했는지 느낄 수 있다. 우리는 마하나임이라는 곳에 있는 사람들의 행동을 통해 후자에 해당하는 한 예를 볼 수 있다(17:27-29). 이곳은 예루살렘 북쪽 도시의 광천이었으며 요단강 반대쪽에 있었다. 27절에 언급된 사람들은 다윗과 그와 함께 온 사람들을 위해서 침구와 세간, 대량의 음식을 가져왔다. 망명생활을 하는 그들에게는 넉넉한 공급원이 없었다.

다윗이 여전히 군대의 지휘관이었음에도 불구하고, 그의 군대는 다윗에게 무슨 일이 일어나지나 않을까 하여 압살롬 및 반란군의 전쟁에 다윗이 가는 것을 허락하지 않을 만큼 그를 소중히 여겼다. 다윗의 군대들은 그를 이스라엘 왕위로 다시 돌려놓겠다는 목적으로 싸우고 있었다. 만약 다윗이 죽었다면, 그들의 모든 동기가 무익하게 되었을 것이다.

이 전쟁에서 한 가지 안타까운 것은 그날 발생한 사상자가 모두 이스라엘 자손들이었다는 점이다. 내전에서 자주 발생하는 것처럼, 형제가 형제를 죽이는 동족 전쟁이었다.

그 전쟁이 수풀에서 일어났기 때문에, 압살롬이 낮게 달려 있는 가지에 걸리게 된 것은 놀랄 일이 아니다. 압살롬의 긴 머리카락이 걸렸다는 이야기는 성경보다는 유대인 역사학자 요세푸스에게서 나온 것으로 보는데, 그것이 아마도 사무엘하에서 "머리"라는 단어가 의미하는 것이라고 생각된다(18:9).

게다가 압살롬의 머리카락이 그가 악용했던 자신의 준수한 외모에 한

뭇했다는 사실로 미루어 보아(14:26), 허영과 자만이라는 덫이 자신을 죽음까지 이끈 수단이 되었다는 점에서 압살롬의 운명은 인과응보라고 볼 수 있다.

압살롬의 곤경을 요압에게 보고한 다윗 군대의 병사들은 다윗이 군 지휘관들에게 자신을 반역한 아들 압살롬을 해치지 말라고 명령했다는 것을 들었다. 그러나 예상대로 요압은 주저함 없이 창 세 개로 압살롬의 심장을 찔러 죽였다. 압살롬이 죽었다는 소식을 다윗에게 조심스럽게 알리는 모습에서 잔인함과 동정심이 독특하게 조화된 요압의 모습을 다시 한 번 볼 수 있다.

그러나 요압은 압살롬에게는 점잖게 경의를 표하며 예우하려는 태도를 전혀 보이지 않았다. 그는 숲에 있는 구덩이에 돌무더기를 쌓아 무덤 표시만 한 채로 그를 묻었다. 압살롬이 자신을 위해 비석을 세운 것과 아주 상반되는 모습이다.

모든 사람이 예상했던 것처럼, 다윗은 압살롬이 죽었다는 소식을 듣자마자 헤어 나올 수 없는 슬픔에 빠진다. 자신의 왕국을 포기하면서까지 지키려고 한 다윗의 노력이 수포로 돌아가는 순간이었다.

그러나 결국, 다윗은 이 비극적인 사건의 진행을 뒤바꿀 수 없었다. 오히려 '자녀를 훈계'하고 자신의 책임을 다하기 위해 다윗이 몇 년 전에 했어야 하는 일을 하지 않았기 때문에 자초된 일이었다.

이 이야기와 그를 둘러싼 슬픔은 밧세바와 다윗의 사건이 있은 지 몇 년 후에 일어났다. 그러나 여전히 다윗과 그의 가족을 향한 하나님의 심판은 진행 중이었다(12:11). 오늘 우리의 행동이 내일의 삶에 심각한 결과를 가져올 수 있음을 진지하게 생각하게 하는 대목이다.

왕국의 반란(삼하 19:1-20:26)

압살롬의 반란군을 상대로 다윗이 승리를 거둔 후 또 다른 사람이 다윗의 왕위를 손에 넣으려고 하는 모습은 상상조차 하기 힘들다. 그러나 다윗에게는 이런 일이 일어났다. 베냐민 지파 출신으로 잘 알려지지 않았던 세바는 자제력을 잃고 기회가 왔다고 생각하여 다윗에게 반란을 일으켰다. 자신이 왕이 될 수 있을 것이라고 생각한 세바는 반드시 처형됐어야 했다. 그리고 어리석은 행위에 대한 대가로 말 그대로 목이 잘렸다!(20:22)

더 많은 반역자가 다윗 앞에 놓여 있었지만, 그가 압살롬을 위해 깊이 애통할 때 어느 누구도 그에게 영향을 미치지 못했던 것이 분명하다. 의도치 않게 요압과 다윗의 군대는 다윗이 그들의 충성과 안녕보다 압살롬에게 더 마음을 쓴다는 인상을 받는다. 솔직한 요압 장군은 책임을 지고 다윗을 모질게 비난하면서, 그의 충성스러운 군대에게 관심을 보이지 않고 그들을 지휘하지 않는다면 다윗은 승리와 군대를 잃게 될 것이라고 경고한다. 지혜로운 다윗은 슬픔을 거두고 지도자로서 자신의 자리를 되찾는다.

다윗이 예루살렘으로 돌아올 때 이전에 다윗의 원수였던 많은 사람과 자기 꾀에 걸려 넘어진 압살롬의 편에 섰던 사람들이 화해하는 모습은 흥미롭다. 다윗 왕은 행군하며 돌아와서 무력으로 왕위를 빼앗을 수도 있었지만, 백성의 요청에 의해 평화롭게 돌아오는 길을 택했다.

이야기가 진행되는 내내 우리는 남쪽과 북쪽 지파 사이의 비극적인 적개심과 의심을 분명하게 볼 수 있다. 이러한 상황은 몇 세대 이후에 왕국을 분리시켰다. 그 과정에서, 요압은 자신을 대신하여 다윗이 군대 장관으로 임명한 아마사를 잔혹하게 살해하면서 배반적이고 잔인한 그의 본성을 드러냈다.

요압은 그의 배반과 폭력적인 모습 때문에 다윗에게 완전한 신뢰를 받지 못했다. 그리고 무엇보다도 다윗의 명령을 어기고 압살롬을 죽인 것 때문에 그는 요압을 벌할 가능성이 컸다.

요압이 폭력적인 행위로 그의 분노를 표현한 것은 놀라운 일이 아니다. 그는 아마사가 완전히 방심하고 있다는 것을 알아차리고는 친구나 형제를 맞이하듯 입맞춤하면서 환영하는 체했다. 요압은 그를 살해한 뒤, 군대 지휘관의 자리를 되찾고 세바의 반역을 진압했다.

원수와 이유 없이 자신을 학대한 사람들을 향한 다윗의 친절은 우리가 본받아야 할 훌륭한 모습이다. 승리했을 때 용서하는 것이 항상 쉬운 일은 아니다. 특히 그 사람들이 우리를 부당하게 해치려고 했다면 더욱 그렇다. 그러나 복수할 기회가 있을 때 우리가 반응하는 방식이 우리의 진정한 인격을 드러낸다.

│ 마지막 활동과 시(삼하 21:1-23:39)

이 본문은 인간으로서 우리가 종종 고심하는 하나님의 성품, 악을 대하는 그분의 공의로운 심판과 직면하게 한다.

다윗에게 알리신 것처럼, 이스라엘에 기근이 찾아온 이유는 사울이 기브온 사람을 죽였기 때문이다. 그들은 오래 전에 여호수아와 화친을 맺었던 외국인들이다(수 9:15-21).

이 화친을 위배한 일이 성경에는 기록되어 있지 않지만, 내려오는 유대교 구전에 따르면 사울은 "생명은 생명으로"(출 21:23)라는 율법에 따라 자신의 후손 7명에 대한 정당한 처벌을 요구하면서 기브온 사람 7명을 죽였다고 한다.

가혹하지만 정의로운 다윗의 행보는 이스라엘을 기근에서 구했고, 더 나아가 다윗은 사울과 요나단의 유해를 사울의 집에서 죽은 사람들 7명과 함께 묻는다. 거기서부터 다윗은 그의 오랜 원수, 블레셋 사람들(골리앗의 족속)과 싸워 마지막으로 위대한 승리를 거머쥐게 된다. 그러나 세월이 다윗의 싸움 능력에 타격을 주었고, 그는 자신의 용감한 전사들에 의해 구출되었다.

실제로 시편 18편과 동일한 사무엘하 22장의 승전가는, 다윗이 이스라엘의 시인이자 가수이며 하나님의 마음에 합한 자임을 보여 주는 훌륭한 예이다. 그는 위대한 용사였기 때문에 주변 사람들에게 전쟁에서 위대한 일을 행하도록 고취시켰다. 다윗의 '강력한 사람들'은 역사상 가장 위대한 용사들이었다.

인생의 모든 여정에서 다윗은 정성을 다해 자신의 성공에 있어 하나님의 공로를 인정하며 찬양했다. 다윗은 여호와를 '반석', '요새', '구원자', '방패', '구원의 뿔', '피난처', '구세주'라고 표현했다. 다윗왕은 그로 하여금 공의로 다스릴 수 있게 하시고 다윗과 그의 후손들에게 언약을 세움으로써 그에게 영원한 보좌를 허락하신 하나님을 찬양했다.

다윗만큼 생생하게 표현하지 못할 수는 있지만, 우리 또한 우리에게 은혜와 복을 부어 주시는 하나님을 잊지 않고 경외할 수 있다.

| 다윗의 말년(삼하 24:1-왕상 2:46)

다윗의 죄악 된 인구조사 사건과 뒤따른 전염병은 연대기적 순서로 기록된 것이 아닐 가능성이 높다. 이것이 언제 일어났는지 알기 어렵기 때문이다. 다윗의 통치에 각주 형태로 덧붙여졌을 가능성이 높은데, 사정이 어떠하든지 여전히 배울 만한 가치가 있다.

힘이 약해진 어려운 시기에 다윗은 하나님보다 수에 의존했다. 따라서 다윗의 행동은 백성에게 심각한 결과를 가져왔다. 다시 한 번 우리는 복잡한 사람 요압이 하나님을 노하게 할 만한 다윗의 행동을 막으려고 노력하는 모습을 보게 된다. 그러나 다윗은 자신의 주장을 고집했다. 결국 다윗의 명령으로 인구조사가 시행되었다(4절).

그러나 이 사건에서 한 가지 좋은 결과는 후에 솔로몬에 의해 성전이 지어질 땅을 구입했다는 것이다. 왕위 계승을 위한 싸움과 거기서 비롯된 모든 궁중의 음모를 포함하여 다윗의 말년 이야기가 열왕기상 시작 부분에 기록되어 있다. 다윗이 솔로몬에게 마지막으로 당부한 내용은 영적인 가르침과 실제적인 지침을 모두 포함하는데, 이는 솔로몬의 정직한 성품과 그의 자유를 믿을 수 없는 적들로부터 지키려는 노력의 일환이다.

왕위를 차지하려는 싸움에서 다윗의 또 다른 아들 아도니야가 목숨을 잃는다(왕상 2:25). 이를 통해 꼭 기억해야 할 유용한 교훈이 있다. 다윗은 결국 한 번 밧세바와 불륜 관계를 맺고 그녀의 남편 우리아를 살해한 일 때문에 아들 4명을 잃었다. 이것은 매우 중대한 문제다.

나단 선지자가 다윗에게 그의 죄를 직면하게 했을 때, 이것이 그가 자신에게 내린 네 배의 형벌이었다. 다윗은 나단이 말한 그 이야기 속의 남자가(물론, 다윗 자신이었다.) "네 배 이상" 갚아야 한다고 말했기 때문이다(삼하 12:6). 그러므로 그 일이 다윗에게 일어났다. 먼저 밧세바가 낳은 이름이 밝혀지지 않은 아이가 죽었고, 그리고 나서 암논, 압살롬, 아도니야가 가정의 증오와 책략의 결과로 죽게 되었다.

이런 일들은 위대한 자질에도 불구하고, 다윗도 우리처럼 온갖 결점과 한계의 지배를 받는 한 인간이라는 사실을 보여 준다. 그러나 우리는 이 위대한 왕에 대한 연구에 그런 오명을 남기게 할 수 없다.

다윗이 통치 마지막 시기에 장차 성전을 세울 땅을 구입했을 때, 그가 하나님의 영광과 명예를 위해 얼마나 열심이었는지 볼 수 있다. 비록 그 땅이 다윗에게 무료로 제공되었지만, 그는 분명히 입장을 밝혔다. "내가 값을 주고 네게서 사리라. 값 없이는 내 하나님 여호와께 번제를 드리지 아니하리라"(삼하 24:24).

다윗의 길고 놀라운 삶을 되돌아 볼 때, 그의 삶을 한마디로 요약할 수 있는 좋은 단어가 있다. 성경에서 인용한 '헤세드'(chesed)라는 단어인데, 이것은 우리를 향한 하나님의 인자하심을 나타낸다.

chapter 7

|

시편 -I
지혜와 교훈

Biblical Teachings from the Rabbi

| 복 있는 풍성한 삶(시 1:1-6)

시편 1편은 시편 전체 주제와 딱 맞아떨어지는 서론이다. 이 시는 우리가 삶에서 선택할 수 있는 뚜렷이 다른 두 가지 길을 제시하고 있기 때문에 '지혜의 시'라고 불릴 만하다. 그 하나는 지혜로운 하나님의 길로서 풍성함과 축복 그리고 성취를 가져다주는 길이며, 또 다른 하나는 악한 세상의 길로서 쭉정이 같은 인생과 파멸로 이끄는 길이다.

복 있는 사람의 삶은 하나님의 법을 배우고 순종하는 기쁨으로 특징지을 수 있다. 이 사람은 세상의 행동과 생활방식으로부터 영향을 받지 않으며, 또 하나의 기독교신앙의 유대교 뿌리인 하나님의 율법 '토라'에서 인생의 지침을 발견하기 때문에 '복이 있다.'

하나님과 그의 말씀에 대한 이 헌신은 파멸로 이끄는 악인들과의 우연하거나("서지 아니하며"로 표현) 친밀한("앉지 아니하고"로 표현) 교제에 대한 의도적인 거부를 포함한다.

성경에서 말씀하는 악인들은 하나님과 의의 길을 고의적으로 조롱하고, 악을 좇는 데 시간을 투자하는 사람들이다. 그런 자들과 함께하는 것을 거부하는 것은 마땅한 일이다.

말씀에서 발견하는 "기쁨(즐거움)"은 유대교 가르침의 강력한 주제 중하나이다. 다른 사람들에게는 토라의 계명들이 짐으로 여겨질지라도 그것을 지켜 따르는 유대인들에게는 기쁨이 된다. 시편 1편을 비롯한 모든 시편에서 하나님은 우리에게 열매 맺는 풍성한 삶과 아무 의미(가치) 없는 삶 사이에서 선택하라고 제안하신다.

3절과 예레미야 17장 7-8절 사이에 재미있는 유사점이 있다. 두 구절은 모두 물가에 심은 나무가 그 물에서 생명을 얻고 있는 것에 대해 이야기한다.

물에서 생명력을 얻고 있는 나무에 대한 시각적 이미지는 하나님과 그의 공급하심에 의존하고 있는 사람에 대한 비유이다. 과거로부터 오늘날까지 물을 끌어다 대지 않으면 아무 것도 자랄 수 없는, 물이 매우 귀한 지역에 사는 이스라엘 사람이라면 누구나 이 이미지를 쉽게 공감할 것이다.

오늘날 우리는 대부분 흐르는 시냇물에 의존해 살지는 않는다. 그러나 생명의 근원이신 하나님을 시편 시대에 살던 사람들보다 덜 의존한다고 할 수는 없다.

명백한 사실은 시편 1편에 묘사된 축복과 번영을 누리는 열쇠는 우리가 사는 길에서 하나님과 그의 말씀을 존중하는 것이다. 우리가 크고 작은 인생의 결단에서 하나님을 존중한다면, 하나님께서는 우리에게 복을 내리실 것이다. "의인들의 길은 여호와께서 인정하신다"는 말씀은 그분을 기쁘시게 하고 순종하기 원하는 여러분과 나를 위한 말씀이 될 것이며, 그 말씀대로 하나님께서는 우리의 삶을 지키시고 인도하시며 축복하실 것이다.

| 하나님의 법(시 19:1-14)

시편 19편은 지혜로 충만한 또 하나의 성경구절이다. 이 시의 저자인 다윗왕은 창조자이며 율법의 제정자이신 하나님께 우리가 어떻게 올바르게 반응해야 하는지를 알려 준다. 1-6절은 보이는 모든 것의 창조자로서 하나님께서 어떻게 하늘을 펼쳐 놓으셨는가를 말하면서 그의 위엄을 극찬한다. 존재하는 모든 것의 창조자이신 하나님을 찬양하는 것은 유대인과 기독교인 모두에게 자주 등장하는 기도 주제이다.

장엄한 우주는 그보다 더 장엄하신 하나님을 드러낸다. 눈에 보이는 우주에서 으뜸가는 것은 고대 이스라엘의 주변 여러 민족이 숭배했던 태양이다. 그 종교 중 몇몇은 태양신이 정의의 신이었다. 그러나 여기에서 다윗왕은 이스라엘의 하나님은 태양보다 더 크신 창조자임을 명백하게 밝힌다. 또한 하나님은 율법의 제정자로서 진정한 공의를 보여 주시기 때문에 우리가 이 세상의 부정과 불공평에 대해 호소하면 용기를 주신다.

자연에 나타난 가시적인 계시를 목격한 다윗은 율법 혹은 토라에 나타난 하나님의 계시를 묵상하게 되었다. 시편 저자에 따르면 하나님의 율법은 최소한 두 가지 면에서 완전하다. 첫째로는 첨가하거나 수정 혹은 삭제할 필요가 없다는 것이다. 둘째는 그분의 모든 속성과 방법에 있어서 완전하신 참 하나님의 뜻을 드러낸다는 것이다. 영광스럽고 신성한 율법을 깊이 묵상하면서 다윗은 토라에 순종하며 그 안에서 기뻐하는 사람에게 나타나는 생명, 빛, 지혜, 기쁨 그리고 참 부요의 이미지를 강조한다.

의문의 여지없이, 토라는 기독교의 성경이 예수의 추종자들에게 존중받는 것과 같이 유대인의 삶과 예배에 있어서 가장 큰 존중의 대상으로 여겨진다. 거룩한 책(성경)에 대한 높은 평가는 유대교와 기독교가 공유하고 있는 공통적인 영적 뿌리의 또 다른 한 부분이다.

하나님의 말씀은 우리가 그에 따를 때 우리를 악과 그 결과로부터 보호하신다. 또한 언제나 우리를 지탱하시는 하나님을 지속적으로 의지해야 한다고 가르친다. 하나님의 법은 다윗 당시에 가장 값진 물건이었던 금보다 훨씬 더 가치가 있다. 그러나 저자는 이 시편에서 단순히 율법의 완전성을 말하려고 하는 것은 아니다.

그는 예배로 하나님 앞에 서고자 하는 사람은 내적으로나 외적으로 모두 정결해야 한다는 것을 알았는데, 그것은 하나님의 계시에 대해 적절한 반응을 필요로 한다. 이것이 바로 다윗이 정결한 심령을 위해 기도한 까닭이다. 이로부터 하나님을 기쁘시게 하는 말과 생각들이 흘러나온다.

┃ 여호와를 신뢰하라(시 37:1-40)

시편 37편은 각각의 시편이 이스라엘 백성에게 삶의 교훈으로 기여한 것의 한 훌륭한 본보기가 된다. 삶에서 이 세상의 특성을 이해하기 위해, 또는 바른 시각을 유지하기 위해 신적인 도움이 필요한 부분이 있다면, 그것은 선과 악을 분별하는 문제이다. 우리 주변 사람들이 잘못된 일을 행했는데도 불구하고 일이 잘되는 것처럼 보일 때, 우리는 하나님을 섬기는 것이 가치 없는 일이라고 결론을 내리도록 유혹을 받을 수 있다.

그러나 그것은 전혀 사실이 아니다. 그래서 다윗은 하나님 앞에 진실됨을 견지하기 위한 능력 있는 다섯 가지 전략을 제시한다. "여호와를 의뢰하라," "여호와 안에서 기뻐하라," "너의 길을 여호와께 맡기라," "여호와 앞에 잠잠히 기다리라," 그리고 "분을 그치고 노를 버리라." 그러나 우리가 하나님께 순종하고자 할 때라도, 우리는 때때로 악한 자들이 성공하는 것처럼 보이는 것 때문에 어리둥절할 때가 있다는 것을 인정해야만 한다. 성경의 기자들도 하나님께 이런 질문을 할 때가 간혹 있었다. "왜 악한 사람들이 악한 꾀로 성공하는 것처럼 보입니까?" 우리 중에 이런 질문을 해 보지 않은 사람이 누구인가?

우리가 하나님께서 하시는 일의 비밀을 모두 이해할 수 없다는 것은 확실하다. 사람들은 자신의 의지를 실행할 자유를 가지고 있다. 그러나 이 자유는 때때로 그릇되거나 악하기까지 한 선택을 수반하기도 한다. 하나님께서는 이런 것들도 당신의 뜻을 이루시기 위해 이용하실 수 있다. 또한 하나님을 따르고 순종하는 것에 실패한 결과로 잊을 수 없는 교훈을 주시기도 하신다.

우리가 찾는 모든 해답을 얻지 못한다 하더라도, 시편 37편에서 주어진 대답은 근본적으로 충분하기에 우리에게 위로를 준다. 다윗은 그릇된 길을 좇는 것이 더 나은 결과를 가져올 것으로 보일 때에도 하나님을 의뢰하며 그분 앞에 잠잠히 있기로 선택하는 사람이 받을 복에 대해 설명한다. 하나님의 관점에서 볼 때 악의 승리는 아주 잠시뿐이다. 악한 자들과 그 계획들은 금방 사라져 버릴 것이지만, 하나님을 신뢰하는 자들은 굳게

설 것이다.

그러므로 시편 기자의 결론은 확고하다. 우리가 할 수 있는 가장 지혜로운 일은 하나님의 품안을 피난처로 삼고 그분의 구원을 기다리는 것이다. 이스라엘을 축복하기로 헌신한 무리에 속한 우리에게, 나는 32-34절에서 하나님께서 아브라함과 그 후손에게 영원한 언약으로 약속하신 땅이 현재와 메시아의 왕국에서도 그들의 것이 될 것이라는 약속을 언급하고 싶다.

인간으로서 우리는 주변에서 목격하는, 특히 우리에게 직접적으로 영향을 끼치는 불의 때문에 불안해하기가 쉽다. 불의가 만연해 있는 곳 어디서든 우리는 항상 정의를 추구하려고 한다. 그러나 시편 37편은 다른 이들에게 복수하고자 하는 개인적인 욕망을 제쳐놓을 것을 우리에게 요구한다. 우리가 불의한 세상에서도 확고한 믿음을 가지고 살 수 있는 것은 자기 백성의 정당함을 입증해 주시는 하나님께 소망을 두기 때문이다.

| 우리의 성이신 하나님(시 46:1-11)

이 강력한 시는 이스라엘과 그 백성의 강한 성이신 하나님께서는 어떠한 위험 가운데서라도 당신의 거룩한 성 예루살렘을 지키실 수 있다는 것을 선포한다. "하나님이 그 성 중에 계시매 성이 흔들리지 아니할 것이라"(5절)고 하신 예루살렘과 관련한 선포는 우리가 교제를 통하여 이스라엘과 함께 설 때 "예루살렘의 평안"(시 122:6)을 위한 기도에 새로운 힘과 소망을 더해 준다.

유대인의
성경 교육

2-3절에서는 말하고자 하는 요점을 생생하게 강조하기 위해 의도적으로 지나치게 부풀린 과장법을 사용하였다. 자연적인 관점에서 일어날 수 없는 최악의 일은 땅이 "길을 내어"(역자 주: 3절의 '땅이 변하든지'는 영어성경에 '길을 낸다'(give way)는 표현으로 되어 있다) 바다 가운데 산이 빠진다는 표현일 것이다. 이 자연 재해의 비유는 예루살렘의 적들이 온 힘을 다해 공격해 와서 그날로 예루살렘을 점령한다 하더라도 하나님께서 결국 이스라엘 백성에게 승리를 주실 것임을 시사한다. 시편 저자는 이스라엘과 예루살렘이 여호와 안에서 안전할 수 있기에 기뻐한다.

이 구절에는 오늘날 우리가 얻을 수 있는 커다란 개인적 위안이 있다. 하나님의 보호에 대한 지식과 확신은 가장 혹독한 환경 가운데서 느끼는 우리 삶에 대한 두려움으로부터 우리를 자유하게 할 수 있다는 것이다(2절). 하나님을 경외하는 모든 세대의 사람들은 돌보심과 도우심에 대한 그분의 변함없는 약속을 붙들었다. 이 시의 배경은 아마도 저자가 살던 시대에 예루살렘이 포위되어 위협을 받았던, 전쟁과 혼돈의 때였던 것으로 보인다. 그러나 이런 상황에서도 하나님께서는 당신의 백성에게 '가만히 있어' 당신의 보호와 구원을 기다리라고 말씀하신다.

그러나 우리가 기다리는 것이 힘들다는 것을 인정할 수밖에 없는 것은 우리 문화 속에서는 어떤 경우에도 행동을 취해야 하고 문제에 대해 재빠른 해결을 찾아야 한다고 말하기 때문이다. 하지만 하나님을 기다린다는 것은 단순히 우리가 아무 행동도 하지 않음을 의미하는 것은 아니다. 시편 46편에서는 두 번에 걸쳐 "만군의 여호와께서 우리와 함께 하시니 야곱의 하나님은 우리의 피난처시로다"(7,11절)라고 우리의 안전을 보장해 주고 있다. 시편 저자가 하나님께서 원하시는 결과를 나타내실 그분의 때와 능력을 믿고 확신 가운데 안식하라고 강력하게 설득할 수 있는 이유가 바로 그것이다.

| 하나님의 축복(시 73:1-28)

시편 73편에서 다루는 주제는 틀림없이 우리의 마음과 생각에 깊은 공감을 불러일으킬 것이다. 누구나 한번쯤은 우리보다 잘 나가는 것처럼 보이는 다른 사람과 자신을 비교하면서 "인생은 불공평해!"라고 말한 적이 있을 것이다.

그러한 정서를 큰소리로 말하지 않았다 하더라도, 그것은 인간 존재의 보편적인 부분이다. 때때로, 특별히 어떻게 하나님을 따라 살아야 하는지 자신이 알고 있는 최선의 행동을 하는 믿음의 사람들에게 모든 것이 거꾸로 된 것처럼 보이기도 한다.

우리는 저자의 속이 뒤틀리는 정직함을 칭찬해야 한다. 그는 악한 사람들이 되는대로 살면서도 잘나가는 듯 보이는 삶 때문에 너무나 괴로워서 거의 신앙을 포기할 뻔했다. 그가 자기 주변에서 관찰한 것에 비추어 하나님의 방법을 이해하려고 노력했을 때에도, 그에게 하나님의 방법은 혼란스럽고 불공평하게 보였다. 그러나 이 시편은 우리를 이 인간적인 딜레마에 빠지도록 놔두지 않고 우리로 하여금 지극히 감사하며 자신감을 갖게 한다.

시편 저자는 자신의 개인적 의심을 인정했을 뿐 아니라, 하나님의 성전에 대한 자신의 우려에 대한 도움을 구하기도 했다. 즉, 경배와 겸손으로 자신을 하나님께 항복시킨 것이다. 우리는 이 변화를 17절에서 볼 수 있는데, 바로 이 시를 이해할 수 있게 해 주는 열쇠이다.

저자의 태도는 완전히 바뀌었지만 이는 상황에 있어서 어떤 외적 변화 때문은 아니다. 그는 하나님을 예배하기 위해 성전에 갔을 때 내면적 변화를 경험했고 하나님의 관점에서 삶을 보게 되었다. 관점에 있어서 그의 변화는 28절 첫 부분에 잘 나타나 있다. "하나님께 가까이 함이 내게 복이라."

저자는 자신의 결론을 덧붙인다. "내가 주 여호와를 나의 피난처로 삼아"(28절). 우리가 가진 (이 세상에서 일어나지 않을) 모든 의문에 대해 해답을 얻는 것보다 훨씬 더 중요한 일이 있다. 그것은 우리의 모든 의문과 의심을 하나님께 가지고 가서 그분의 위로하심과 보호하시는 임재 안에서 안식하는 것이다.

저자는 모든 의문에 대해 해답을 얻지는 못했으나, 하나님의 돌보심에 대한 확신을 주는 신적인 진리와 소망 그리고 위안을 어디서 찾을 수 있는지 알게 되었다.

│ 인생의 노쇠함(시 90:1-17)

시편 90편은 가장 오래된 시편 중 하나로 여겨진다. 아마도 다른 시편들에 비해 훨씬 오래 되었을 것이다. 이 구절들은 인간 생명의 덧없음과 노쇠함을 하나님의 영원한 존재와 매우 강하게 대비시키고 있다. 성경은 인생을 역사의 무대에 등장했다가 곧 사라지는 짧은 기간으로 묘사한다.

7. 시편 -I
지혜와 교훈

이러한 사실 때문에, 저자는 우리의 존재에 대한 부인할 수 없는 사실을 인식하도록 도와준다. 또한 덧없이 짧은 인생의 빛 안에서 올바른 선택을 하도록 가르친다.

이스라엘의 위대한 족장은 나약하고 불완전한 존재로서 우리가 하나님 진노의 그늘 아래 하루하루를 보내고 있다고 말함으로써 이 생각에 대해 더 상세히 말한다. 여호와의 진노가 변덕스러운 분노의 폭발이 아니라는 점에 주의하는 것이 중요하다. 도리어, 하나님의 진노는 그분의 율법을 과시하면서 불순종하는 자들에게 내보이시는 것이기 때문에 그것은 거룩하고 의로우신 그분의 성품을 표현한다.

이것은 확실히 믿음이 아무 가치가 없다거나 우리의 믿음과 소망을 그에게 두는 것이 아무 유익이 없다는 의미가 아니다. 실상은 이와 정반대이다. 하나님은 당신의 피조물들을 향한 긍휼과 용서가 충만하시기 때문에, 우리는 그분의 변함없는 사랑(우리가 전에 접했던 히브리어 단어 '헤세드')을 누리며, 그분의 은혜 안에서 기쁨으로 노래하면서 우리의 날들을 보낼 수 있다.

시편 90편은 처음 읽으면 약간은 비관적으로 보일 수 있다. 그러나 더 자세히 연구해 보면, 하나님의 인도와 축복 안에서 우리가 충만한 삶을 살도록 격려한다. 우리는 하나님께서 그의 시간에 그의 지혜를 따라 우리 기도에 응답하심을 확신하면서 매일 그분의 은혜를 구할 수 있다.

아마도 이 시편의 메시지 중 하나는 인생은 너무 짧기 때문에, 하나님의 지혜를 받아들이고 의의 삶을 통해 그 지혜를 최대한 이루어 나가라는 것이다.

우리가 이것을 할 수 있는 최선의 방법은 우리의 날들을 지혜롭게 정리

하는 것인데, 이는 말씀을 따라 우리의 온 마음을 다해 하나님을 알고 따르는 것을 포함한다.

| 하늘과 땅(시 115:1-18)

이 강력한 시편이 쓰이게 된 배후의 정확한 상황은 확실히 알려지지 않았다. 우상들과 그 숭배자들의 총체적인 무익함에 대한 저자의 강력한 표현은 이스라엘이 우상숭배에 직면해 있었던 때임을 짐작케 하는데, 우상숭배는 바벨론 포로기 이전까지 민족 전체가 투쟁했던 문제였다.

시편 저자는 여호와만이 홀로 하늘과 땅의 주관자이심을 알았다. 또한 하나님의 위대하신 이름이 인정받기를 갈망했다. 하나님은 사람의 손으로 만든 신들과 비교할 수 없기 때문에, 존귀와 영광을 받으시기에 합당하시다. 여호와만이 하늘과 땅을 만드신 참 하나님이시며 그분 이외의 그 누구도 우리의 예배와 순종의 대상이 될 수 없다.

이 때문에, 저자는 하나님의 백성에게 그분을 향한 신뢰를 견지하라는 간절한 애원을 한다(9-11절). 보지도 듣지도 못하고 말도 못하는 우상에게 신뢰를 두는 것에서는 아무 소망도 찾을 수 없다. 그것에 절하는 것보다 더 도움이 되지 않는다. 하나님께서는 당신이 원하시는 것은 무엇이든지 하실 수 있는 반면에, 우상은 스스로 아무 것도 할 수 없을 뿐 아니라 다른 누군가에 의해 만들어져야 한다고 저자는 말한다.

여기서 피해야 할 위험은 우상 숭배자는 그 우상과 같이 하나님과 관계를 맺기가 완전히 불가능하게 될 것(그런 사람은 언젠가는 하나님의 심판을 직면하게 될 것이라는 결과와 함께)이라는 점이다.

그러나 이스라엘의 하나님 여호와를 신뢰하는 사람들이 그의 축복의 약속을 소유한 것은, 참 하나님으로서 그분만이 당신의 뜻을 완수할 능력이 있기 때문이다. 이것이 우리가 인생의 어려움을 경험할 때 말로 할 수 없는 위로를 가져다주는데, 상황이 가장 절망적일 때에라도 여호와께서 거기 계시며 그 손으로 우리를 잡아 빛 가운데로 인도하심을 우리가 알기 때문이다.

따라서 인생길에서 어떤 일을 만나게 되든지, 우리는 여호와 안에서 참 기쁨을 발견할 수 있다. 이 시는 기회가 있을 때에 하나님을 찬양하라는 우리를 향한 요청으로 끝을 맺는다.

이 시의 교훈은 여호와께서 당신을 경외하고 예배하는 자들에게 귀를 기울이시며, 우리의 마음이 그분께 놓여 있을 때 우리에게 복 주시기를 기뻐하신다는 것이다.

chapter 8

|

시편 -II
경배와 찬양

Biblical Teachings from the Rabbi

| 엄청난 위엄(시 8:1-9)

시편 8편은 하나님께 최고의 찬양을 돌림으로써 시작과 끝을 장식한다. 1, 9절에서 다윗왕은 하나님께서 불타는 떨기 가운데서 모세에게 주셨던 하나님의 개인적인 이름인 '야훼'(여호와)를 사용한다. 이는 약속을 지키고자 하시며, 또한 약속을 지키실 능력과 권위를 가지신 하나님을 나타낸다.

하나님의 개인적인 이름이 이 시편에 놀랍도록 적합한 것은 하나님께서는 당신의 피조물과 인격적으로 상호작용을 하시기 때문이다. 하나님은 인간에 대해 '마음을 쏟으시며' 우리 각자에 대해 깊은 관심을 가지신다.

하나님은 모든 피조물을 능력과 영광으로 다스리시는 주이다. 이것은 그의 가장 강력한 적이라도 인류 중 가장 약한 '어린 아이들과 젖먹이들'을 사용하셔서 그들을 물리침으로 그를 대적하는 자들을 잠잠케 할 수 있는 하나님의 능력에서 입증된다.

시편 8편은 하나님의 이름이 얼마나 아름다우신지를 선포하는 것으로 시작한다. 아마 다윗은 하늘을 깊이 바라보고 그가 본 아름다움과 어마어마한 크기에 매료되어 이 시를 지었을 것이다.(그것은 우리 모두가 한 번쯤은 해 본 일이라고 확신한다.)

그러나 그 경외감은 창조물을 넘어서 창조주에게까지 이른다. 이 시는 땅에서 하늘로, 하나님에게서 그의 백성으로 옮겨 가며 다시 돌아온다.

평생에 걸쳐 우리는 하나님의 영광이 나타날 때 어린아이와 같은 경외감과 놀라움을 갖는다. 인류를 향한 하나님의 놀라운 사랑은 창조의 순서에 있어서 우리를 천사들 바로 밑에 놓으실 정도로 귀히 여기셨다는 점에서 나타난다. 이것은 하나님께서 창조하신 모든 것을 고려해 볼 때 가장 큰 의미를 지니고 있다.

우리가 하나님의 '헤세드'(chesed), 곧 따뜻한 보살핌과 자애로우심의 대상임을 인식하는 것은 우리를 기쁘게 하는 동시에 겸손하게 한다. 그리고 저자가 이 시의 시작과 같이 여호와의 아름다우심에 대한 고백으로 끝맺은 것은 매우 적절하다.

│ 우리의 요새(시 18:1-50)

가장 긴 편에 속하는 이 시는 시편 전체에서 가장 아름다운 시 중 하나이다.(우리는 시편 18편이 사무엘하 22장과 거의 똑같다는 것을 주목해야 한다.)

시편 18편은 전사이면서 왕인 다윗을 모든 대적으로부터 보호하시며 구원하신 하나님을 찬양하는 노래이다.

유대인의
성경 교육

시편 저자는 하나님을 의지하는 것이 공격을 방어하기 위해 반석이나 높은 요새를 쌓는 것보다 더 낫다고 이야기한다. 흥미로운 것은 2절에서 "요새"로 번역한 히브리어 단어는 사해 부근에 위치한 유명한 유대의 마사다 요새와 같은 어원을 가진다는 점이다. 이 요새는 매우 큰 반석으로 만들어졌고 높은 곳에 위치해 있었지만, 결국에는 이스라엘의 적에 의해 점령당했다.

이 시적 표현에서, 여호와는 우리의 힘, 반석, 요새, 구원자, 방패, 뿔(성경에서 힘을 상징), 그리고 산성 등으로 명시되고 있다.

이 시에 등장하는 하나님과 그의 행동에 대한 모든 비유적 표현을 깊이 연구하고 묵상한다면, 그 아름다움과 위엄 그리고 개인적인 확신을 만끽할 수 있다.

다윗은 자신을 구원하신 하나님의 개입을 땅이나 기후에 일어나는 거대한 격변에 비유한다. 다윗이 말한 대로 하나님의 능력은 보기에 경외심을 불러일으킨다. 하나님은 의로우시기 때문에 그분의 행동은 항상 정당하다. 내가 믿는 것은 오늘 당신의 삶이 어디에 있든지 이것이 커다란 위로를 준다는 점이다.

다윗은 하나님의 눈앞에서 의롭고 올바르게 행동했기 때문에 그의 은혜의 대상이 되었다. 여호와께서는 다윗의 마음이 하나님의 기준을 반영했기 때문에(20-24절) 다윗을 "기뻐하셨다."(19절)

이 시편 전체를 통하여 다윗은 하나님께서 그를 통하여 성취하신 일을 자세히 진술하지만 과장되게 말하지는 않는다.

시편 18편과 다윗의 경험을 통해 우리는 하나님께서 완전한 공의와 공평으로 사람들을 다루신다는 것과 하나님께서는 동기가 비뚤어진 사람들을 좌절시키실 수 있다는 것을 배울 수 있다. 또한 우리의 한계와 상황이 어떠하든지 하나님께서는 우리의 인생을 당신이 기뻐하시는 길로 이끄신다.

| 환난으로부터 구원받음(시 34:1-22)

하나님께로부터 복을 받아 의미 있는 삶을 오래 사는 것보다 큰 기쁨은 없다. 시편 34편은 오랫동안 복 받은 삶을 살기 위한 방법을 알려 준다.

다윗은 모든 두려움과 환난으로부터 구원해 주신 하나님에 대한 야단스런 찬양(4,6절)으로 자신의 가르침의 서두를 연다. 그리고 7절에서는 여러 세대의 믿는 자들에게 큰 힘이 되었던 놀라운 여호와의 축복과 구원의 약속을 제시한다.

도움을 필요로 하는 "곤고한 자들"(2절)은 하나님의 구원을 경험하고 하나님께서 하신 일을 기뻐하는 자들의 찬양을 들음으로써 자신이 겪는 환난으로부터 건지시는 구원에 대한 새 소망을 얻는다.

당신은 지금 인생의 어디쯤 와 있는가? 지금이 잠시 멈춰 서서 이 구절들을 묵상하고 당신을 향하신 하나님의 사랑을 받아들이며 하나님의 구원을 요청하기에 적합한 시간일 수 있다.

이 시의 저자는 독자들에게 "너희는 여호와의 선하심을 맛보아 알지어다"(8절)라는 말로 하나님의 선하심을 누리라고 초청한다. 오랜 연수를 누리기 위한 공식은 11절에서부터 시작한다.

유대인의
성경 교육

우리는 하나님께서 복 주시는 사람은 의롭고, 그분 앞에 바르게 서 있으며, 그 삶이 그분의 거룩한 기준을 반영한다는 것을 배운다. 여호와께 순종하고 그분을 존중하는 사람들은 그들의 삶에 개입하시는 하나님과 친밀함을 누리게 된다.

하나님께서는 당신을 기쁘게 하는 자들의 기도에 귀를 기울이신다. 또한 우리의 마음이 상할 때 우리와 가까이 하신다. 하나님께서는 환난 가운데 있는 그의 백성과 함께 계시는 구원자가 되신다. 이것이 당신과 내가 환난 가운데서 확신으로 붙들 수 있는 약속이다.

참으로, 하나님은 너무 좋으셔서 우리가 확신하고 보호받을 수밖에 없는 분이시다. 시편 34편은 환난의 때, 우리가 홀로 있고 하나님은 멀리 계신다고 느낄 때, 하나님께서는 실제로 우리를 가까이 이끌어 주신다는 것을 상기시켜 준다. 친애하는 친구여, 당신을 보살피시는 여호와 안에 피난처를 삼으라.

| 성숙한 신자(시 71:1-24)

이 소망찬 시의 저자는 이 노래를 지으면서 최소한 네 개의 다른 시편들(22,31,35,40편)로부터 주요 부분을 빌려 왔다.

비교적 성숙한 인생의 단계에 도달한 것으로 보이는 저자는 자신의 생애를 통해 하나님께서 어떻게 자신에게 신뢰와 힘이 되셨는지를 이야기한다. 또한 그의 복 주심에 대해 하나님을 지속적으로 찬양하며, 젊은 세대에게 하나님의 길과 성품에 대해 가르치고자 하는 깊은 열망을 갖고 있다.

저자는 자신을 살게 하신 하나님께서 그들에게도 동일하게 행하실 것을 다음 세대가 알기를 원했다. 아마도 그는 젊은 사람들이 선조들이 전해 준 교훈들을 얼마나 빨리 잊을 수 있는지를 알고 있었던 듯하다.

이 시가 우리에게 강력하게 다가오는 한 가지 이유는 저자의 투명한 정직함 때문이다. 삶을 쉽게 말하려고 하는 의도가 보이지 않는다. 사실, 시인은 하나님께서 자신에게 삶의 고난을 보이셨다고 말한다. 우리 자신의 경험은 하나님을 향한 믿음에도 불구하고 어려움이나 고난을 피할 수 없다는 것을 확인시켜 준다. 사실은 그것과는 거리가 멀다.

하지만 우리는 하나님께서 위로와 소망을 주는 이 시의 저자와 함께하셨던 것처럼, 전 생애를 통해 우리를 붙들어 주실 것이라는 하나님의 약속을 소유한다. 하나님은 우리가 위험에 처했을 때 적들로부터 보호받을 수 있도록 강하고 안전한 피난처가 되신다.

│ 강하신 우리 하나님(시 76:1-12)

하나님의 능력과 그의 대적들을 향한 의로우신 심판을 정신이 바짝 들도록 상기시켜 주는 이 시편을 제외한다면, 우리의 시편 연구는 온전할 수 없다.

슬프게도 오늘날과 같이 성서 시대에도 이스라엘은 그들을 파멸시키려 작정한 사나운 적들에 의해 둘러싸여 있었다. 따라서 자신의 보호와 생존을 위해 민족 전체가 자주 전투를 벌어야 했다.

이 시편에서 경축하고 있는 승리는 아마도 BC 701년에 예루살렘을 침

공했던 무서운 앗수르 군대에 대한 승리(왕하 18-19장)를 지칭하는 듯하다.

2절에 나오는 "살렘"("그의 장막은 살렘에 있음이여")이라는 단어가 예루살렘의 옛 이름이라는 사실을 주목해 보면 흥미롭다. 예루살렘은 하나님의 성전이 있는 곳이며, 성전은 하나님의 임재가 그룹 천사들 사이에 거주했던 지성소가 있는 곳이다.

시편 76편에서 경축하는 이 승리는 기적적인 구원의 사건이었다. 3절의 말씀은 하나님께서 고대 세계에서 가장 두려운 적들 중 하나로부터 "화살과 방패와 칼과 전쟁을 없이하셨도다"고 말한다.

그리고 오늘날도 여전히 하나님께서는 이스라엘 백성을 '번쩍이는 화살'로 공격해 오는 더 많은 수의 적들로부터 보호하고 계신다.

이 시를 탄생하게 한 전투 장면은 하나님 한 분만이 세상을 통치하신다는 사실에 아무 의문을 제기하지 않는다. 시편 저자는 하나님의 명성과 그에 대한 경외는 세상의 모든 왕과 군대에 도달했다고 선언한다.

하나님의 의는 축복으로 표현되든지 심판으로 표현되든지, 참 하나님과 경외 받을 분으로서(7절) 그의 위엄을 드러내는 그의 영원한 속성 중 하나이다.

이스라엘 백성은 그들의 수호자이신 하나님의 크신 위로를 얻었고 지금도 받을 수 있으며, 그들은 또한 그분을 가벼이 여겨서는 안 된다(11절).

시편 76편은 전쟁에 있어서 하나님이 천하무적임과, 하나님 그리고 인간적으로는 미약한 그분이 선택한 나라 이스라엘을 대적하고자 하는 것이 어리석은 일임을 말한다.

| 여호와께 노래하라(시 96:1-13)

성경은 메시아 시대의 중심적인 특성 중 하나가 모든 나라를 위한 예배의 중심으로서 예루살렘의 역할이 될 것이라고 말한다(슥 14:16-17).

이 서술적인 96번째 시편은 믿음의 사람들이 여러 세대에 걸쳐 갈망해 온 것(나라 사이에 그리고 피조 세계 안까지 이루어진 의와 평화 그리고 조화를 보고자 하는 열망)을 표현한다.

시편 96편은 하나님의 위엄이 온 세계에 걸쳐 찬양받는 영광스러운 날을 예상하고 있는 듯하다. 이스라엘에게 부르라고 하는 '새 노래'는 명백하게 '온 땅'과 '만민'을 향하여 참 하나님을 예배하라는 초청이다. 열방은 이스라엘만의 하나님이 아니라 오늘 당신이 살고 있는 곳을 포함한 온 땅의 하나님이신 그분을 찬양할 것이다.

자연 현상들까지도 하나님을 찬양하는 합창에 자기들의 '목소리'를 더하도록 재촉을 받는데, 그 이유는 모든 것이 하나님의 능력과 위엄을 인식하고 그 앞에 절하는 그분의 창조의 일부이기 때문이다.

이 시편은 열왕기상 16장 23-33절에 압축된 형태로 등장하는데, 성서 시대 당시 유대의 삶과 예배에서 이 시가 갖는 중요성을 보여 준다. 우리는 이 시에서 세 개의 연(stanzas)을 볼 수 있는데, 하나님을 예배하라는 온 땅을 향한 요청, 그를 예배하라는 열방을 향한 요청, 그리고 창조주에 대한 찬양에 동참하라는 피조 세계를 향한 요청이 그것이다.

11절의 상반부는 위대하신 하나님을 찬양하라는 이 시편의 요청에 대한 멋진 요약이다. "하늘은 기뻐하고 땅은 즐거워하며…"

시편 96편의 마지막 절에서 우리가 하나님께서 이 예배를 받기에 합당한 한 가지 중요한 이유를 볼 수 있다는 것에 주목하라. 세상의 재판관들과 통치자들은 항상 정의롭거나 공평하지 못하다. 또한 올바르게 심판하고자 하는 사람들조차도 그 상황에서 모든 사실을 올바르게 파악할 능력이 부족하다.

그러나 하나님께서는 이러한 결함이나 인간적인 한계가 없으시다. 결과적으로, 하나님께서 세상의 심판자로 앉으실 때 실수나 의의 부족함이 있을 수 없다.

| 전달의 깊이(시 107:1-43)

시편 107편은 더 연구하거나 묵상할 만한 가치가 있는 또 하나의 성경 말씀이다. 우리가 시편을 공부할수록 익숙해지는 하나님의 능력과 그의 백성을 위한 구원에 대한 많은 주제를 여기서 볼 수 있다.

이 시편은 하나님께서 당신을 신뢰하는 자들을 구원하시기 위해 내려오는 네 가지 구별된 방법을 묘사함으로써 '하나님의 선하심'의 깊이를 더 탐구한다. 시작부의 구절들은 찬양을 향한 부름으로 시편의 유형 중 매우 특유하다고 볼 수 있다. 그리고 나서 저자는 "어떤 자들"(4,10,17절에 영어 'some'으로 표기)과 "일을 하는 자"(23절에 영어 'others'로 표기)를 소개함으로 이스라엘의 환난으로부터 구원하시는 하나님을 묘사하기 위해 생생한 이미지를 그려 낸다.

하나님의 백성은 목적지까지 안전하게 안내받은 헤매는 나그네와 같았고, 쇠사슬에서 풀려난 죄수와 같았으며, 다시 건강을 되찾도록 보살핌을 받는 병자와 같았고, 풍랑 가운데서 무사히 항구에 도착한 선원과 같았다.

각각의 그룹은 절망적인 곤경에 처해 있었지만, 모두 다 하나님의 구원을 경험했다. 33-43절은 이 노래의 클라이맥스로, 하나님은 그의 위대하심으로 말미암아 찬양받아야 한다고 선포한다.

이 시에 나타난 한 시각적 이미지는 특별히 우리 연합회(IFCJ) 회원들과 '독수리 날개 위'라는 프로그램에 참여하고 있는 사람들에게 이야기하고 있는데, 이들은 외국에 흩어져 있는 유대인들의 이스라엘의 예언적 연합에 참여할 수 있는 특권을 하나님께로부터 받은 자들이다.

2-3절은 이스라엘을 세계의 구석구석으로부터 자기 나라로 돌아와 모이게 하는 하나님의 일에 대해 말한다. 흩어진 백성을 수년 전에 자기들이 살았던 땅으로 되돌아오게 하는 것은 하나님이 아닌 다른 어느 누구의 능력으로도 미치지 못하는 믿기 어려운 성취이다. 우리는 성경의 예언의 이러한 기쁜 성취에 있어서 하나님과 동역자가 되는 것이다.

│ 올라가는 노래(시 121:1-8)

이스라엘의 어느 지역에서나 예루살렘을 향해 여행하는 사람은 눈을 높이 들고 그 거룩한 성이 위치한 언덕을 바라볼 수 있었다. 이것이 시편 121편의 배경이지만, 이 상황에서 여행자들은 평범한 여행을 하고 있지는 않았다. 그들은 순례여행을 하는 중이었고, 이것은 모든 유대인이 예루살렘에 있도록 명령받은 유월절과 칠칠절 그리고 장막절 등의 절기를 맞아 예루살렘으로 올라가는 중이었다.

이처럼 시편 121편은 "올라가는 노래"로 지어졌다. 이 특별한 올라감을 나타내는 단어는 "올라가다"라는 뜻을 가진 '알리야'(aliyah)이다. 일시체류자들이 눈을 들어 예루살렘을 바라볼 때, 그들은 당신의 거할 장소로 삼으신 위대하신 하나님을 생각하게 되었다.

같은 방법으로, 성경의 예언을 성취하기 위해 이스라엘로 돌아오는 유대인 포로들은 그들의 옛 고향땅으로 "올라간다"(그들의 '알리야'를 한다)고 말한다. 이들은 그 당시 여호와를 예배하기 위해 예루살렘을 향해 올라가던 고대 예배자들의 마음에 가득 찼던, 기쁨과 경외심과 같은 감정을 경험한다.

하나님은 이 경배와 찬양의 절기를 위해 예루살렘으로 가는 동안 여행자를 해로부터 보호하실 뿐 아니라, 모든 시대에서 그의 백성을 영원히 지키신다.

하나님은 당신을 경외하는 자들에 대해 지금부터 영원히 조금도 방심하지 않으신다. 우리도 기민한 보호자를 필요로 하기 때문에 이것이 위로가 된다. 특별히 우리의 삶에서 하나님의 깨어 지키는 눈을 피해 빠져 나갈 자는 아무도 없다.

chapter 9

|

시편 -Ⅲ
위로와 소망

Biblical Teachings from the Rabbi

| 양치기와 양떼(시 23:1-6)

시편 시리즈의 마지막 장을 시편 23편으로 시작하게 된 것은 매우 적절한 일이다. 의심의 여지없이, 시편 23편은 믿음의 사람들에게 성경의 다른 어떤 구절보다도 더 많은 위로와 소망을 준다. 이 심오한 다윗의 시는 하나님을 따르는 자들을 향한 하나님의 공급하심과 회복, 인도와 보호하심을 보여 준다.

시편 23편은 그것을 듣는 사람 누구에게나, 우리는 모두 피곤하고 굶주리며 목마르고 "사망의 음침한 골짜기"를 두려워한다고 말한다. 주의 지팡이와 막대기의 이미지를 떠올려 보면, 우리를 보호하고 절대로 다른 길로 가지 않도록 지켜 주는 한 목자의 모습이 생각난다. 이 구절들은 하나님의 완전한 돌보심에 대해 이야기한다. 성서 시대의 목자도 생명을 걸고 자신의 양들을 돌보고 지켰다.

5절에서는 목자였던 하나님의 모습이 성대한 잔치를 베푸는, 사랑이 넘치는 주인의 모습으로 변한다(아 2:4 참고). 다윗의 잔칫상은 "원수의 목전"에서 차려졌다. 보통은 어떤 전사도 원하지 않는 자리이다.

그러나 다윗은 하나님께서 그와 함께하신다고 약속하셨기 때문에 두려워하지 않았다. 성서 시대에는 만찬에 초대된 손님에게 환영의 의미로 기름을 바르는 것이 관례였다. 다윗은 하나님의 '헤세드'로 인해 그분의 잔치가 영원할 것에 대해 기뻐했다. '헤세드'(chesed)는 다함이 없는 하나님의 언약의 사랑을 일컫는 히브리 단어이다. 여호와의 집은 하나님의 백성 사이에서 그분의 임재가 머무르는 장소이다. 다윗은 거룩한 임재를 느끼면서 주님 안에 영원히 거하고 싶다고 이야기한다.

│ 자비와 구원(시 6:1-10)

"이스라엘의 노래 잘 하는 자"(삼하 23:1) 다윗이 쓴, 감정으로 가득한 이 시는 소망이나 위로가 아닌 깊은 육체적·감정적 고통을 표현하는 것으로 시작한다.

그러나 다윗의 시선은 자비와 구원의 하나님께로 향하면서 소망의 어조로 끝을 맺는다.

다윗은 질병이나 어떤 상처, 또는 죄악으로 인한 하나님의 징벌로 고통 중에 있었을 가능성이 높다. 다윗의 괴로움은 큰 타격을 주고 있었다. 사실 "뼈"는 몸 전체와 연관된다.

다윗은 주님의 질책 아래서 고통 받고 있었을 뿐 아니라, 원수들에게 둘러싸여 있었다. 당신은 삶에서 이런 것을 느껴본 적이 있는가?

이 모든 시련 가운데서, 다윗은 이렇게 행동했다. 그는 하나님께 두 가지 면에서 호소했다. 그분의 헤세드, 즉 변함없는 사랑에 호소했고, 자신이 죽으면 하나님께 찬양할 수 없을 것이라고 호소했다. 여기서 우리는 자신의 힘이 다 빠져서 하나님의 권능을 간절히 바라는 한 '수척한' 사람을 보게 된다.

다윗은 하나님께 마음을 털어놓았고, 하나님께서는 그의 기도를 받으셔서 그를 구하셨다. 이것은 우리의 삶에서 매일 일어나는 문제들을 다룰 때 좋은 본보기가 된다.

우리가 분명하게 보는 것처럼, 이 시편 전체에서 다윗의 초점은 하나님께 있었다. 다윗은 또한 그의 고통과 약함 그리고 그가 직면한 도전이나 필요가 무엇이든지간에 자신은 해결할 수 없다는 무력함을 즉시 인정했다. 다윗은 겸손하게 하나님에 대한 전적인 신뢰를 고백했다. 그 답례로, 그는 하나님께서 자신의 기도를 들으시고 원수들을 부끄럽게 하여 물러가게 하실 것이라는 확신을 얻었다.

| 돌보심의 확신(시 20:1-9)

이 시는 전쟁 전날 성소에서 있었던 특별 예배에 대한 기록이라고 볼 수 있다. 이스라엘의 지도자인 다윗은 군대의 우두머리였다. 1-5절에서 왕의 성공과 안전을 위해 기도하는 목소리는 승리와 하나님의 축복을 받기 위해 회중으로 모인 사람들의 것이었다.

그들의 확신은 "야곱의 하나님"(1절), 즉 그들의 보호자와 부양자가 되어 주시겠다고 이스라엘과 언약을 맺으셨던 참 하나님께 있었다. 이것은 또한 왕이 강력하게 표현했던 하나님 안에 있는 확신이었다(6-8절).

회중의 기도는 아마 제창으로 암송되었을 것이다. 모든 구절은 기름부음 받은 왕을 보호하시는 하나님의 능력 그리고 그분을 향한 강한 확신과 소망을 반영한다. 다윗은 또한 전쟁의 승리가 군대의 '조직'에 있지 않고 여호와를 신뢰하는 데 있음을 알았다. 우리가 현재 삶에서 매일 벌어지는 전쟁에 임할 때 기억해야 할 중요한 사항이다.

다윗과 그의 백성은 하나님의 보좌가 임하기 전에는 싸움을 하지 않았다. 그들은 하나님이 모든 나라와 군대보다 더 강하시기 때문에, 그분의 도움이 없다면 이것들은 아주 미약하다는 것을 알았다! 흥미롭게도, 영국 국가의 첫 구절은 9절에서 영감을 받았다. "하나님이여 여왕을 구원하소서!"

| 위로와 보호(시 27:1-14)

시편 27편이 믿음의 사람들 사이에서 대대로 가장 좋아하는 말씀이 된 데는 타당한 이유가 있다. 첫 절과 마지막 절은 이 장의 핵심인 위로와 소망을 아름답게 표현한다.

그러나 다윗의 생각이 인간의 모든 감정을 돌고 돌면서 그 분위기가 전환되는 것에 반드시 주목해야 한다. 시편 기자는 하나님께서 그를 거절하시거나 저버리지 않기를 간구하면서 확신에서 근심으로 옮겨 갔다. 그 심경의 변화는 그를 둘러싼 수많은 적을 깊이 생각하면서 왔을 것이다.

믿음과 불안 사이에서 감정적으로 흔들리는 다윗의 모습은, 기도가 빨리 응답되지 않거나 원하는 방향으로 응답되지 않을 때 걱정하는 우리의 인간적인 성향을 드러내기도 한다.

우리는 수년 동안 다윗의 왕위가 전쟁과 그의 왕위를 노리는 위협으로 얼룩졌다는 것을 안다. 그의 아들 압살롬이 그를 반역했던 것처럼, 가족들조차 예외가 아니었다.

하지만 그러한 근심의 순간들이 하나님의 집 즉 하나님께서 거하시는 성막에서 위로를 찾으려는 다윗을 막지 못했다. 이는 하나님 앞에서 이루어지는 친밀한 기도의 교제를 묘사하는 또 다른 방법이었다.

| 영혼의 어두운 그림자(시 42:1-43:5)

이 두 편의 시(42,43)는 많은 히브리 원본에서 하나의 시로 합쳐지는데, 그것이 이들의 깊은 연관성을 증명한다.

이 두 시가 본래 하나의 시였을지도 모른다는 사실은 43편의 표제가 없다는 것으로 더욱 확실해진다. 그러나 이러한 본문적인 사항을 넘어, 엄중하고 수사적인 질문을 세 번 반복하고 있다는 사실은 이 두 편의 시가 하나였음을 명백하게 증명해 준다. "내 영혼아 네가 어찌하여 낙심하며 어찌하여 내 속에서 불안해 하는가?" 이것은 고통스러운 진심이다.

시편 기자는 그가 겪고 있는 영혼의 괴로움으로 눈물범벅이 되었다. 그러나 그는 그러한 감정에 머물러 있지 않았는데, 그 괴로움의 해답이 이스라엘의 하나님께 있었기 때문이다.

저자는 확실히 깊은 영성을 가진 사람이었다. 목마른 사슴이 살아남기 위해 물을 찾는 것처럼 하나님을 간절히 갈망했기 때문이다. 사슴에 빗댄 비유는 우리의 이해를 도와준다. 진정한 예배자에게 하나님의 임재는 너무나도 필수적이어서 그것이 없으면 강렬한 영적 목마름을 느끼게 된다는 것이다.

또한 그는 예루살렘에 있는 "거룩한 산" 위에서 하나님의 성전을 갈망했다(시 43:3). 이 아름다운 노래는 우리 삶에서 가장 어두운 시기를 지나고 있을 때 하나님의 빛이 가장 밝게 비춘다는 것을 다시 한 번 깨닫게 한다. 이는 삶에서 우리를 괴롭게 하는 어려움을 겪을 때 우리에게 참된 위로를 준다!

우리는 하나님의 백성이 힘을 얻어 그분을 바라보고 예배와 순종을 통해 하나님의 인정을 구할 때, 하나님께서 적으로부터 그들을 보호하신다는 것을 배운다.

| 하나님의 집(시 122:1-9)

시편 122편은 여러 가지 이유에서 연합회 회원들에게는 매우 친숙할 것이다. 6-9절은 거의 우리 사역의 주제와 일치하는데, 거룩한 성 예루살렘과 이스라엘 전역의 평화를 위한 우리의 끊임없는 기도를 표현한다.

게다가 우리 후원자들은 이 시의 제목, "성전에 올라가는 노래"에 사용된 히브리어가 무엇인지 알 것이다. "상승" 또는 "올라감"을 뜻하는 단어는 '알리야'(aliyah)로, 오늘날 유대인 망명자들이 예언적인 이스라엘 귀환을 이야기할 때 사용하는 단어이다. 제목에 따르면 이 시는 유대인들이 하나님께 예배하기 위해 순례여행을 하면서 예루살렘으로 올라갈 때 부르던 노래이다.

시편 122편을 쓴 순례 예배자는 하나님께서 예루살렘으로 돌아오는 모든 유대인에게 명령하신 세 절기 유월절, 오순절, 초막절 중 한 절기를 기념하기 위해서 이스라엘로 향하고 있다.

하나님께 예배드리는 것은 유대인들의 믿음의 중심이었다. 그리고 기독교인들의 삶에서도 필수적인 부분이다. 이 순례자는 예루살렘(유대인의 생각에는 항상 고상한)으로 나아가면서, 높고 거룩한 성소에서 그분을 찬양할 그 기쁨을 기록했다.

예루살렘은 하나님께서 임재하시는 곳이다. 또한 위대한 다윗의 왕조가 있던 자리였다. 이 경건한 자가 했던 일을 오늘날 우리도 할 수 있다. 예루살렘에 가서 하나님의 임재에 대해 경외감과 놀라움을 느끼는 것이다!

우리는 또한 이 시에서 이스라엘을 보호해 달라는 기도에 주목할 필요가 있다. 오늘날 이스라엘의 보안은 그 어느 때보다도 큰 위협을 받고 있다. 이스라엘은 창세기 12장 3절에서 하나님께서 아브라함에게 하신 약속을 믿는 모든 동역자의 신실한 기도를 필요로 한다. "너를 축복하는 자에게는 내가 복을 내리고."

chapter 10

|

에스더
아름다움과 구원

Biblical Teachings from the Rabbi

왕비가 된 포로(에 1:1-2:23)

룻과 달리, 에스더는 고대 왕국 페르시아에 살고 있는 노예의 후손인 유대인이었다.(이란 사람들은 페르시아 사람들의 후손이다.) 그녀의 히브리 이름은 '하다사'(Hadassah)였는데, '도금양'이라는 의미이다. 그 당시의 일반적인 관습대로 그녀는 에스더라는 이름을 갖게 되었는데, 아마 그들의 여신과 관련 있는 페르시아 이름이었을 것이다.

에스더의 이름이 붙은 이 책에 기록된 사건들은 느부갓네살이 남유다의 왕과 백성을 바빌론의 포로로 잡아간 지 한 세기 이상 지났을 때 일어났다. 성경의 에스더서에서 가장 주목할 만한 특징은 하나님의 이름이 언급되지 않는다는 점이다.

보기 드문 생략에도 불구하고, 이 이야기는 주권자이신 하나님의 손에 의해 전멸될 위기에 처한 유대인들이 구원 받는 것으로 끝을 맺는다.

하나님께서는 에스더를 통하여 조용히 일하고 계셨다. 우리는 자기 백성을 보호하시는 하나님의 '지문'이 이야기의 전 과정에 묻어 있는 것을 볼 수 있다. 에스더서는 매우 보기 드물게, 아하수에로라고도 알려진 위대한 페르시아 왕 크세르크세스의 왕궁에서 주최하는 '미인 대회'로 시작한다. 이 대회는 왕비 와스디의 자리를 대신할 사람을 뽑기 위한 것이었다. 그녀는 왕이 정성껏 준비한 연회에서 술에 취한 내빈들 앞에 나오는 것을 거부하면서 왕의 소환에 응하지 않았다. 연회 자리였기에 그들이 술에 취했을 가능성은 다분했다.

크세르크세스 왕은 와스디에게 이혼 조서를 발표하는데, 그녀가 왕 앞에 나가는 것을 금하고 후궁에 갇혀 있도록 했을 가능성이 가장 높다. 만약 왕이 원했다면, 그녀에게 사형을 내릴 수도 있었다.

에스더가 이 대회에서 후보자로 선정된 뒤, 그녀는 나이 많은 사촌이자 보호자인 모르드개에게 자신이 어떻게 처신해야 하는지 조언을 구했다. 외국인으로서, 모르드개는 페르시아에서 어느 누구도 유대인을 좋아하지 않는다는 것을 실감했다. 에스더는 신분 때문에 새로운 왕비를 찾는 일에서 자격을 박탈당할 수 있었다. 그래서 모르드개는 에스더가 자신의 신분을 알리는 것을 허락하지 않았다.

에스더는 아름다운 외모로 왕의 은총을 얻었고, 모르드개는 왕을 암살하려는 음모를 밝혀서 왕의 총애를 받는다. 모르드개는 에스더에게 그 치명적인 음모를 말했고, 에스더는 그것을 왕에게 보고하여 모르드개가 신임할 만한 사람이라는 것을 알렸다. 에스더는 모르드개를 사랑했기 때문에 그가 왕에게 인정받기를 원했을 것이다. 그리고 그녀는 이러한 충성이 언젠가 보상받으리라는 것을 알았다. 실제로, 보잘것없어 보이는 이 일이 이야기 전체의 실마리가 되었다.

이 에스더 이야기는 이스라엘 고대 역사에서 중요한 것처럼, 오늘날 믿음의 사람들에게도 귀중한 교훈을 준다. 에스더 시대에 그렇게 하셨던 것처럼, 하나님께서는 지금도 여전히 무대 뒤에서 일하고 계신다. 우리는 세상의 일이나 개인의 삶 속에서 하나님의 분명한 개입을 항상 느끼지 못할 수도 있지만, 그럼에도 불구하고 우리는 그분의 보살핌 아래 있다.

에스더의 삶을 연구해 보면, 유대교가 가르치는 것처럼 하나님께서는 문제를 주시기 전에 이미 해결책을 갖고 계신다는 사실을 깨닫게 된다.

에스더와 페르시아에 있는 당시 유대 사람들에게는 몰살의 위협보다 더 큰 문제는 없었다. 그러나 잠재적인 이 비극이 하나님께는 해결하기 어려운 문제가 아니었다. 우리가 부딪힐 수 있는 어떠한 사태도 해결하시는 하나님의 능력을 이해하는 것은 문제로부터 오는 많은 걱정을 사라지게 한다.

| 잔인한 음모(에 3:1-15)

에스더 3장에서는 페르시아 크세르크세스(아하수에로 왕) 궁전의 대신인 하만이라는 인물을 소개한다. 하만은 페르시아 지도자들 중에서도 최고 관리였으며, 왕이 총애하는 인물이었음이 분명하다. 그래서 그는 엄청난 부를 축적하였으며 왕에게 큰 영향력을 끼칠 수 있었다.

우리는 하만이 아말렉 사람임을 안다. 아론과 훌이 모세의 팔을 들고 있었던 유명한 전쟁에서 하나님께서 이스라엘을 이기게 하신 뒤 그들에게 멸하라고 명령하신 적의 후손이라는 이야기다(출 17:8-16). 랍비들은 아말렉

이 하만과 같은 육체의 자손뿐만 아니라 악하다고 기록된 모든 사람을 대표한다고 말한다.

하만은 왕의 존경을 받는 사람이었고, 모르드개가 그에게 절하지 않았을 때 몹시 화가 났다. 모르드개는 그러한 행위가 이방신에게 절하는 것과 동일한 것이기에 하나님께서 이스라엘에 주신 명령을 위반하는 것이라 믿었다.

하만은 모르드개를 향한 증오가 너무 심했던 나머지 그 분노를 페르시아에 있는 모든 유대인에게로 돌렸다. 하만이 죽이고자 하는 사람들이 누구인지 알려고 하지 않는 관심 부족과 조서를 심사하지 않은 왕의 태만이, 이 사악한 남자로 하여금 자신이 원하는 것을 얻게 만들었다.

하만은 왕의 절대 권력으로 어느 날 나라 안의 모든 유대인을 진멸하라는 바꿀 수 없는 법령을 선포한다. 페르시아는 나라의 각 지역에서 자신들의 언어로 그 명령을 옮기는 효율적인 행정과 전달 체계를 갖추고 있었다. 유대인을 학살할 날짜를 선택하기 위해서 제비를 뽑았고, 하나님의 섭리로 거의 1년 후로 결정되었다. 하만은 속으로 자신이 극도로 증오하는 사람들을 전멸하기 위해 준비할 시간이 충분하다고 생각했다.

그러나 또한 유대인들에게는 그 숙명적인 날을 엄청난 승리로 바꾸게 될 사건이 전개될 수 있는 시간이 되었다. 하만의 이야기는 다른 사람을 향해 악한 계획을 세우는 사람은 자신이 놓은 바로 그 덫에 쉽게 걸리게 됨을 보여 주는 좋은 예이다. 잠언 기자는 우리에게 "함정을 파는 자는 그것에 빠진다"는 것을 상기시켜 준다(잠 26:27).

'탐탁치 않은 사람들'이라는 이유로 유대인을 전멸시키려는 하만의 사악한 결정은 유대인을 향한 증오가 어떤 환경에서나 자라고 번질 수 있다는 사실을 기억나게 한다. 국제 기독교 유대교 연합회가 오늘날 세계 여러 지역에서 계속되는 분노와 폭력으로 분출되고 있는 유대인 반대론자들의 증오를 상대로 굳건히 설 수 있도록 기도를 부탁드린다.

| 이와 같은 때에(에 4:1-5:14)

페르시아에 있는 모든 유대인을 죽이려는 하만의 칙령이 발표되자 이스라엘 포로들은 큰 괴로움에 빠졌다. 모르드개는 하만의 조서를 읽었고 페르시아에 있는 모든 유대인이 예외 없이 죽임을 당할 것임을 알았다. 그래서 모르드개는 베옷을 입고 울면서 공개적으로 슬퍼했다.

에스더는 시녀들을 통해 '모르드개에게 무언가 심각하게 좋지 않은 일이 있는 것 같다'는 이야기를 들었을 때, 이 조서에 대해서는 모르고 있었다. 그녀는 내시 한 명을 모르드개에게 보냈고, 그 내시는 조서의 복사본과 함께 에스더가 이스라엘 백성을 대신하여 왕 앞에 나가 주었으면 좋겠다는 간청을 받아 왔다. 우리는 그 끔찍한 조서를 읽으면서 에스더가 느낀 공포를 상상만 할 수 있을 뿐이다. 그녀 또한 페르시아 법을 알았고, 법에 따르면 누구든지 왕의 부름을 받지 않고 왕 앞에 나아가면 처형당할 수 있었다.

그래서 한편으로는 에스더가 왕에게 나아가길 꺼려했던 사실을 이해할 수 있다. 왕은 아직 에스더가 유대인이라는 사실을 모르고 있었다. 그러나 모르드개는 에스더에게 이 유명한 질문으로 답했다. "네가 왕후의 자리를 얻은 것이 이 때를 위함이 아닌지 누가 알겠느냐?"(4:14) 에스더는 사태의 심각성을 알아차렸다. 그리고 모르드개에게 수산 궁에 있는 모든 유대인을 모아 자신의 안전과 유대인들을 향한 하만의 흉악한 음모를 막을 수 있도록 금식하며 기도해 달라고 부탁했다.

우리 역시 긴박한 상황에 처했을 때 기도와 금식을 통해 하나님의 능력을 의지할 수 있는 특권을 지니고 있다. 기도는 어느 상황에서든 할 수 있다. 그리고 성경은 위기의 순간에 처한 하나님의 사람들이 모여서 기도하고 금식하며 하나님의 응답을 구했던 이야기로 가득하다(왕하 20:3-4 참고).

유대 민족들이 기도했을 때, 에스더는 왕에게 나아갔고 왕의 은총을 입었다. 심지어 왕은 에스더에게 "나라의 절반"까지도 주겠다고 제안했다(5:3). 에스더를 향한 왕의 커다란 기쁨과 그녀의 소원을 들어주고 싶은 열망을 느낄 수 있는 대목이다. 하만의 정체를 폭로할 계획이 지금 이루어지고 있었다. 그러나 에스더는 하만의 권력과 왕의 편애를 받고 있는 그의 지위를 고려하여 조심스럽게 진행했다. 그녀는 하만의 심각한 죄를 고발하기 전에 왕의 기분을 확인할 필요가 있었다.

물론 하만은 자신에게 어떤 일이 일어날지 눈치 채지 못했다. 그가 아는 것은 에스더 왕후와 크세르크세스 왕과의 특별 만찬에 자신만 초대를 받았다는 것이 전부였다. 그러나 하만은 단지 궁중에서 특별대우 받는 것을 자랑하는 것에 만족하지 않았다. 아내와 친구들의 설득에, 하만은 (자신이 생각하기에) 모르드개가 매달릴 교수대를 만드는 치명적인 조치를 취한다. 하만은 "교만은 패망의 선봉이요"(잠 16:18)라는 진리를 증명하는 실례이다. 우리 모두의 정신이 번쩍 들도록 하는 경고이다.

계속해서 에스더와 페르시아에 있는 유대인들의 삶에 일어난 일들 가운데서 보이지 않는 하나님의 손길을 따라가면서, 하나님의 눈은 항상 그분의 백성을 향해 있다는 사실을 기억하라. 시편 121편 4절에 따르면, "이스라엘을 지키시는 이"는 졸지도 아니하신다. 이것은 또한 하나님께서 참된 여호와를 경배하는 믿음의 사람으로서, 오늘 당신의 상황을 항상 주시하고 계신다는 것을 의미한다. 그렇기 때문에 당신은 삶 속에서 하나님의 이끄심을 더 민감하게 느낄 수 있도록 도와달라고 간구할 수 있다.

│ 하만이 처형되다(에 6:1-7:10)

크세르크세스 왕의 잠 못 이루는 밤은 에스더 이야기에서 극적인 반전을 가져온다. 왕은 신하들에게 그의 궁중 일기를 읽게 하는데, 거기서 모르드개가 암살 음모를 고발한 것에 대한 어떤 보상도 받은 적이 없다는 사실을 발견한다. 왕은 어떤 고관이든지 가능한 사람을 통해서 모르드개를 존귀하게 하기로 마음먹는다.

하나님의 섭리 안에서, 그 고관은 모르드개를 교수형에 처하겠다는 허락을 받기 위해 "마침 왕궁 바깥뜰에 이른"(6:4) 하만이었다. 하만의 입장에서는 하필 이런 때라니!

왕이 하만에게 존경받을 만한 사람에게 어떤 조치를 취해야 하는지 묻자, 하만은 거만하게도 그 명예를 받을 사람이 자신이라고 추측했다. 그래서 그는 왕이 마음에 두고 있는 그 사람을 영예롭게 하기 위한 호화로운 의식을 설명한다. 성경에서는 "타인이 너를 칭찬하게 하고 네 입으로는 하지 말며"라고 말한다(잠 27:2). 이 원칙은 하만의 삶에서 분명하게 볼 수 있다.

큰 충격과 굴욕 속에서 하만은 모르드개를 위한 이 의식을 수행해야만 했다. 하나님께서는 교만한 하만을 겸손하게 만들고 계셨다. 그에게 몹시 필요했지만, 그가 배우지 않았던 교훈을 통해서 말이다. 하나님께서는 또한 수사(Susa)에 있는 모든 사람에게 유대인들의 명예를 손상시키거나 해치려는 시도는 헛된 노력이 될 것이라는 실례를 보여 주셨다.

하만이 모르드개를 영화롭게 하면서 느낀 대모욕은 그를 기다리고 있던 파멸에 비하면 아무 것도 아니었다. 에스더의 만찬 두 번째 날, 화가 난 왕이 에스더와 그녀의 민족을 해치려고 한 사람이 누구인지 물었을 때, 그 유대인의 원수는 자신의 최후를 맞이한다. 이전에 왕은 유대인이나 그들의 끔찍한 운명에 대해 완전히 무관심했다. 그러나 지금은 왕후와 그녀의 민족들의 안녕을 염려하게 되었다.

하만은 목숨을 살려 달라고 애원했지만, 이것이 오히려 왕을 더 화나게 만들 뿐이었다. 그리고 나서 그는 자신이 모르드개를 위해 만든 교수대에 끌려가서 죽음을 맞이했다. 아브라함의 민족을 저주하는 사람들을 저주하시겠다는 하나님의 약속을 생생하게 기억나게 해 준다(창 12:3). 심지어 하만의 아내도 그의 상대가 "유대인 출신"(에 6:13)이라는 것을 알고는, 그가 불행한 운명을 맞이하게 될 것을 어느 정도 예상했다. 아마도 그녀는 이스라엘 하나님의 명성을 들어본 적이 있는 것 같다!

이 장에서 끌어낼 수 있는 매우 유용한 교훈이 여럿 있다. 하만의 파멸은 분노가 통제되지 않을 때 그 능력이 얼마나 파괴적인지 진지하게 생각하게 만든다. 분노를 품은 사람이 결국 가장 고통 받게 된다.

또한 우리가 잘 한 일에 대해서 다른 사람들의 칭찬이나 인정을 받을 만하다고 생각될 때 말을 삼가야 한다는 지혜를 얻을 수 있다. 비록 우리가 영광을 구하는 것이 마땅하다 할지라도, 가장 좋은 것은 하나님께서 그분의 때와 방법으로 우리를 인정받게 하시는 것일 것이다.

| 방어 조서(에 8:1-17)

하만은 이제 더 이상 문제가 되지 않았지만, 그의 죽음으로 유대인의 문제가 모두 해결된 것은 아니었다. 그들의 목숨을 앗아갈 왕의 조서는 철회될 수 없었기 때문이다. 그러나 에스더가 왕에게 모르드개가 자신의 친척이자 보호자라는 것을 말했기 때문에 전혀 방법이 없는 것은 아니었다. 그녀는 모르드개가 이전에 왕을 반역하는 음모를 드러낸 것 때문에 이미 왕의 은총을 입었다는 것을 알았다.

그래서 에스더는 담대하게 왕에게 나아가 발 앞에 엎드려 그녀의 백성을 살려 달라고 눈물로 간청했다. 이번에는 마지못해서 하거나 자신의 안위를 걱정하는 모습이 전혀 없었다. 그리고 왕은 그녀의 간청에 대한 응답으로, 페르시아 제국에 있는 유대인들이 그들을 멸살하기로 되어 있는 그날 스스로 방어할 권리를 주는 또 다른 조서를 쓸 수 있는 권위를 모르드개에게 주었다.

유대인들의 기도에 대한 이 특별한 응답이 단순히 조서가 무효되는 것보다 더 놀라운 방법으로 하나님의 능력을 증명한다는 사실에 주목해야 한다. 물론 그런 방법으로도 요구를 충족시킬 수는 있었겠지만, 자기 백성의 원수를 패배시키시는 하나님의 능력을 증명할 기회는 없었을 것이다.

다시 말해서, 하나님은 그 제도를 사용하셔서 그 제도를 무너뜨리셨다! 이 새로운 조서는 그 전과 동일한 전달 체계를 통해서 퍼져 나갔고, 유대인들은 약 9달 동안 자신들의 가족과 재산을 지키기 위해 준비할 수 있었다.

놀랍게도, 에스더 8장 마지막 절에는 이스라엘의 하나님처럼 자기 백성을 보호할 수 있는 다른 신이 없다는 것을 직접 목격한 페르시아 제국에 있는 다른 많은 사람이 유대교로 개종했다고 기록되어 있다. 이 사람들이 진정한 하나님과 관계를 맺은 것은 물론이고, 운명의 날 싸움이 일어났을 때 이스라엘 대적의 수도 분명히 줄어들었다.

하나님께서 유대인의 상황을 얼마나 완벽하게 바꾸셨는지 보라. 이제 모르드개는 한때 하만이 소유했던 왕의 옥새와 직책을 갖게 되었다. 그리고 유대인의 재산을 몰수하려는 하만의 음모(3:13)는 유대 민족인 왕후 에스더가 그의 전 재산을 몰수하는 결과를 낳았다.

에스더가 왕에게 담대히 나아가기 위해서는 큰 용기가 필요했다. 대체로 이와 동일하게, 우리가 믿음대로 행동하고 하나님의 방법과 때에 우리에게 필요한 것을 공급하시도록 그분께 맡길 용기가 있다면, 하나님께서는 우리를 존귀하게 하시며, 다른 사람들도 이를 알게 된다. 이것이 우리가 하나님의 존재를 목격하고 우리 믿음의 진정성을 알 수 있는 가장 좋은 방법이다.

| 영광스러운 승리(에 9:1-19)

하만에 의해 계획된 유대인 집단 학살을 좌절시키기 위한 모르드개와 에스더의 계획은 완벽한 결과를 낳았다. 정해진 결전의 날, 수사(수산궁)부

터 이 거대한 제국에서 가장 멀리 떨어진 지방에 이르기까지 모든 유대인은 준비가 되어 있었다. 파멸당하는 대신 그들은 원수를 상대로 엄청난 승리를 거두었다. 심지어 페르시아의 관리들도 그 싸움에서 유대인들을 돕기로 작정했다.

이 지도자들은 하만의 아내처럼, 유대인들 및 그들의 하나님과 맞서는 싸움이 전적으로 헛되다는 것을 깨달았다. 그래서 그들은 하나님의 백성 편에 섰고, 이것은 매우 현명한 선택이었다! 페르시아 전역에 걸쳐 다른 민족에게 두려운 마음을 주었던 이 놀라운 국면의 전환은 그들이 유대인들을 공격하기를 거부했다는 것을 내포한다.

이스라엘 역사에서 일어난 이런 사건들을 고려해 볼 때, 오늘날에도 유대 민족을 구원하기 위해 헌신하는 사람이 얼마나 많은지 너무나도 놀라울 뿐이다. 우리는 이스라엘을 지도에서 없애고 유대인들을 바다로 몰아넣자는 서약들을 듣게 된다.

그러나 그러한 계획들과 그것을 주장한 사람들은 파멸할 것이 뻔하다. 누군가, 역사를 통해 배우지 않는 사람은 그것을 반복할 수밖에 없다고 말했다. 이스라엘을 해치려 하는 사람들의 묘비명으로 적합한 말이다!

스가랴 2장 7-10절에 따르면, 누구든지 이스라엘을 범하는 자는 하나님의 눈동자를 범하는 것이기 때문에 패배와 재앙을 초래한다. 우리는 계속해서 눈앞에 펼쳐지는 이 진리를 보고 있다. 하마스와 헤즈볼라 같은 오늘날 이스라엘의 원수들은 유대 민족을 멸망시키려는 시도를 해 오고 있지만, 그들의 계획은 계속 좌절되고 실패한다.

크세르크세스 왕은 유대인들이 적의 재산을 약탈할 수 있도록 허락했는데, 이것은 고대 사회에서 승리자들에게 통상적으로 예상되는 보상이었다. 그러나 승리한 유대인들은 어떤 것도 취하지 않았다. 페르시아에 있는 모든 사람에게 이 사실은 유대인들이 그들의 수호자이자 공급자되시는 하나님만 의지한다는 엄청난 표현이었다.

더 놀라운 것은 왕이 에스더를 통해 수산성에 있는 유대인들에게 둘째 날까지 그 싸움을 계속하도록 허락했다는 것이다. 에스더는 더 많은 공격이 계획되어 있다는 것을 알았거나 유대 백성의 원수들을 반드시 끝장내고 싶었을 것이다. 유대인들과 싸우는 원수들 중에는 하만의 열 아들도 있었는데, 그들도 자신들의 아버지와 같은 운명을 맞게 되었다. 하만의 극단적인 계획은 극단적인 반응을 요구했다.

에스더의 날에 하나님께서 유대인들을 기적적으로 구원하셨다는 사실은 하나님께서는 그분을 신뢰하는 모든 사람에게 반석이자 피난처가 되신다는 사실을 깨닫게 해 준다. 우리는 종종 자신을 인생의 거센 도전과 시험을 이겨 나가기에는 연약하고 부족한 존재라고 여길지 모른다. 그러나 하나님께서는 우리에게 매일 그분 앞에 나와 우리의 약함을 주님의 강함으로 바꾸라고 말씀하신다. 이사야 40장 29-31절을 읽어 보고, 이 크나큰 약속을 주신 여호와께 감사하는 시간을 가져 보라.

| 기념 축제(에 9:20-10:3)

유대인들은 수 세기 전에 페르시아에서 에스더와 모르드개가 이끈 큰 승리를 오늘날에도 부림일로 기념하고 있다. 하만이 유대인을 멸망시킬 날을 정하기 위해 던졌던 제비(부르)의 이름을 따서 지은 것이다. 성경 기자

는 그들의 "슬픔이 변하여 기쁨이 되고 애통이 변하여 길한 날"을 아름답게 묘사했다(9:22).

페르시아에 있는 유대인들은 가족과 생명을 잃는 대신, 가족들이 함께 모여 하나님의 구원을 찬양했다. 그리고 그들은 모든 재산을 잃는 대신 서로에게 선물을 주었다. 에스더와 모르드개가 부림일을 지키는 것을 매우 중요하게 여겨서 조서를 만들고 왕의 전권으로 이를 온 제국에 보낸 것은 놀라운 일이 아니다. 모르드개는 그의 이야기가 왕의 연대기에 기록될 정도로 페르시아의 거물이 되었다.

에스더서는 외국 포로 생활을 하다가 이스라엘 땅으로 돌아와 많은 방해와 원수들에 직면했던 유대인들을 격려하기 위해서 기록되었다. 자기 백성을 향한 하나님의 세심한 돌보심에 대한 감격스러운 이 이야기를 읽으면서 그들이 느꼈을 격려와 위로, 힘을 상상해 보라. 하나님께서는 오늘도 여전히 당신과 하나님의 모든 백성을 돌보신다는 것을 깨닫고 당신이 받을 위로를 상상해 보라!

부림일을 비롯한 다른 여러 유대 절기의 중심 주제는 하나님의 축복을 기억하는 시간을 가지면서 이 모든 선물로 인해 그분께 찬양과 감사를 드리는 것이다. 이런 절기를 지키면서 우리는 앞으로도 하나님께서 우리의 공급자가 되시며, 감사와 신뢰받기에 합당하신 분이라는 것을 기억하게 된다.

이 통찰력 있고 놀라운 에스더 이야기의 마지막 장에서 여러 다른 교훈들을 얻을 수 있다. 성경에서는 음모를 꾸미고 악을 행하는 사람들은 하만의 삶에서 생생하게 묘사된 것처럼, 사실상 자기 자신의 죽음을 계획하는 것이라고 말한다. 분명히 하나님께서는 하만의 치명적인 제비 던지기 결과를 유대인들을 구원할 그분의 숨겨진 계획을 모든 사람에게 명백히 알리기 위한 시간으로 사용하셨다.

그리고 거듭 말하지만, 우리의 상황 속에서 일하시는 하나님의 손을 볼 수 없거나 우리를 어떻게 도우실 수 있는지 상상조차 할 수 없을 때에도, 우리는 그의 눈이 우리를 보호하고 돌보신다는 사실을 확신할 수 있다는 것을 기억해야 한다. 주님께서는 자기 백성을 구원하시는 일에 항상 신실하시다. 그리고 그 백성에는 당신과 나도 포함된다!

chapter 11

|

이스라엘에 영향력을 끼친
5명의 여성

Biblical Teachings from the Rabbi

| 요게벳 - 모세의 어머니(출 2:1-10)

만약 이스라엘 역사의 위대한 지도자들 중에서 아브라함과 나란히 견줄 만한 의미를 가진 한 인물을 꼽는다면, 그것은 필연코 위대한 민족의 구원자 모세일 것이다.

그러므로 모세의 어머니는, 성경에 그 이름이 단 두 차례만 등장하지만(사라의 이름이 50회 이상 등장하는 것과 비교가 된다), 큰 존경을 받을 만한 가치가 있다.

우리는 출애굽기 6장 20절에 가서야 모세의 어머니가 요게벳이라는 이름을 가졌으며, 아므람과 결혼하여 자녀 세 명을 두었다는 사실을 알게 된다.

모세는 그중 막내로 미리암과 아론의 동생이며, 어머니는 이 아기가 뭔가 매우 특별하다는 것을 알았다. 그래서 요게벳은 용감하게 당시 바로가 내렸던, 히브리인의 사내아이는 모두 죽이라는 명령을 자기 목숨을 걸고 어겼던 것이다.

모세의 어머니는 아기를 위해 갈대상자를 만들고 역청과 나무진을 발라 방수처리를 하여 그의 목숨을 보호했다. 흥미로운 것은 이것이 노아가 방주를 강화하고 방주와 그 안에 있는 모든 것을 보호하기 위해 사용했던 것과 같은 재료였다는 점이다(창 6:14).

요게벳은 모세를 나일강에 띄워놓고 그의 누이 미리암에게 지켜보게 하였다. 하나님께서는 요게벳의 용기를 가상히 여겨 바로의 딸이 모세를 발견하게 하셨고, 바로의 공주는 미리암의 제안에 따라 요게벳에게 아기를 돌보도록 하였다.

역설, 그리고 하나님의 권능의 손을 이 상황에서 간과해서는 안 된다. 바로는 히브리 노예들의 다음 세대를 멸망시키려고 했지만, 그들의 구원자이며 더 큰 나라의 설립자가 바로 자신의 궁에서 길러지게 되었던 것이다. (그야말로 "스스로 가장 큰 적이 된" 격이 아닌가!)

히브리인의 아기를 죽이라고 한 바로의 명령은 그 대적이 이스라엘을 멸망시키려 한 첫 번째 기록된 시도였다. 바로 이것이 오늘날 우리가 알고 있는 반유대주의의 탄생이 아니겠는가.

슬프게도, 역사에는 이러한 시도가 여러 차례 더 있었고, 나치의 대학살로 그 절정에 올랐다. 그러나 성경과 역사로부터 얻는 교훈은 명백하다. 하나님께서 자기 백성의 보호자가 되시므로 유대인을 파멸시키고자 하는 모든 시도는 실패할 것이라는 점이다. 또한 "너를 저주하는 자에게는 내가 저주하리니" (창 12:3)라고 하신 말씀의 성취를 확인하게 될 것이다.

| 미리암 - 이스라엘의 여성 일인자(출 15:19-21, 민 12:1-16; 20:1)

그 어머니 요게벳과 많이 비슷하게도, 미리암의 이름도 성경에 몇 차례 등장하지 않지만, 그럼에도 불구하고 그녀는 이스라엘의 역사에 있어서 주요 인물 중 하나이다. 바로의 명령을 어기고 그녀의 동생 모세를 숨기는 일에 있어서, 미리암에게는 하나님을 향한 깊은 믿음과 어머니와의 협력이 필요했다(출 2:4,7-8). 하지만 요게벳과 마찬가지로 출애굽기 2장에는 미리암의 이름이 등장하지 않는다.

미리암의 이름이 성경에 처음 등장한 것은 하나님께서 바로와 그의 군대를 홍해에 빠뜨려 멸망시키신 후에 모세와 이스라엘 백성이 불렀던 위대한 구원의 노래에서 그녀가 역할을 맡았을 때이다.

미리암은 그의 백성을 향한 하나님의 구원을 찬양하는 노래에 있어서 이스라엘 여인들을 실제로 이끌었다(출 15:20-21).

명백하게, 미리암은 이스라엘 민족이 애굽에서 나와 약속의 땅으로 가는 40년 여정 동안 고대 이스라엘의 "여성 일인자"(the first lady)였다. 출애굽기에서 그녀는 "여선지자"로 불린다.

사실, 성경에서 여성으로서 선지자로 불린 것은 미리암이 첫 번째이다. 이것은 주님께서 몇 가지 방법으로 미리암을 통해서 말씀하셨을 것이라는 것을 시사해 주는데, 이는 아마도 민수기 12장에서 미리암과 그녀의 오라비 아론이 "여호와께서 모세와만 말씀하셨느냐 우리와도 말씀하지 아니하셨느냐?"라고 물었던 사건에 대해 설명해 주는 듯하다.

하나님께서 모세의 정당함을 입증하시고 모세를 비난한 아론과 미리암을 꾸짖으신 일로 모세의 형제자매들의 동기가 잘못되었다는 것이 드러났다(민 12:6-8). 여호와께서는 모세의 권위를 가장 강력한 말로 재확인해 주셨고, 미리암을 나병으로 치셨다(민 12:10).

미리암이 문둥병에 걸려 칠 일간 진영 밖에 머무르게 된 일로 인해 민족 전체가 약속의 땅을 향한 행진을 중단해야만 했다. 그녀는 나중에 가데스에서 죽었다.

세월이 많이 지난 후 이스라엘 역사에서, 선지자 미가는 하나님께서 애굽의 속박으로부터 이스라엘 민족에게 자유를 주셨던 때 세우셨던 지도자로서 모세와 아론과 함께 미리암의 이름을 거론함으로 그녀에게 높은 찬사를 돌렸다(미 6:4).

│ 드보라 - 뛰어난 사사(삿 4:1-10)

요게벳과 미리암이 살았던 때로부터 300년이 지난 후에, 이스라엘은 민족 역사에 있어서 암흑기였던 사사 시대로 접어든다. 이 기간에 이스라엘 백성은 여호와께로부터 돌아섰고, 다른 나라의 지배를 받곤 했다.

자신들의 선택의 결과로 고통 받고 자신들의 잘못을 깨닫게 되면, 그들은 하나님 앞에 울부짖어 고통을 호소했고, 하나님께서는 자비하심(히브리어 '헤세드')으로 그들에게 구원자를 보내 주셨다.

사사기에는 이런 고통스러운 역사의 순환이 일곱 차례나 반복되었는데, 간혹 사사들 사이에 여러 해 동안의 공백기가 있기도 했다.

이러한 패턴의 한 예가 이스라엘을 모압의 지배로부터 건진 에훗이 사사로 있던 때인데, 그가 사사로 있은 후 "그 땅이 팔십 년 동안 평온하였더라"(삿 3:30)고 성경은 말한다.

그러나 그러한 평화는 결국 깨졌고 이스라엘은 다시 가나안 족속들의 지배 아래에 들어갔다. 이스라엘 백성은 다시 하나님께 구원을 부르짖었고, 하나님께서는 드보라라는 놀랄 만한 여성을 민족의 지도자와 사사로 세워 주셨다. 그녀는 능력 있는 통치자로서 이스라엘 사람들로 하여금 신뢰감을 가지고 따르게 했다.

드보라는 바로 앞에 나왔던 미리암과 같이 사사인 동시에 여선지자로 묘사된다. 이러한 명칭은 이 능력 있는 여성이 하나님과 특별한 영적 관계를 가지고 있었다는 것을 시사한다.

그녀는 분명히 하나님께로부터 통찰력 있는 계시를 받았으며(삿 5장), 여호와께서는 그녀에게 예언자적 이해를 은사로 주셨다. 그리고 드보라가 훈련받은 군인이 아니었음에도 불구하고, 우리는 하나님께서 그녀에게 군사적인 힘까지도 부어 주셨던 것을 안다.

우리는 사사기 4장에서 사사 바락도 만나볼 수 있다. 분명히 그는 군사 지도자였는데, 그가 드보라로부터 임무를 부여받았을 때 보인 반응을 보면 드보라가 가졌던 능력에 대해 매우 존경하고 있었음을 알 수 있다. 하나님께서 드보라를 통해 적군을 바락의 손에 붙이셨다고 말씀하셨기 때문에, 바락은 드보라 없이도 이스라엘의 적군과 싸우러 나갈 수 있었다.

가나안의 장수 시스라에게는 철병거 900대가 있었으나 이스라엘에게는 이와 비교할 만한 것이 아무 것도 없었던 상황에서 이것은 불안감을 없애 주는 약속이었다.

바락으로서는 드보라의 격려와 지지 없이 그러한 강력한 적군을 마주한다는 것을 주저했을 수도 있다. 아니면 그가 드보라를 단순히 경건한 지도자로 여겨 전투 시에 옆에 두고 싶어 했을 수도 있다.

어떻든지 간에 바락은 드보라 없이 출동하기를 거부했다. 그래서 드보라도 바락과 함께 가기로 했고, 하나님께서는 이스라엘에 커다란 승리를 주셨다.

하나님께서 이미 바락에게 승리를 약속하셨기 때문에, 드보라가 이 전투에 함께하는 것이 승리를 보장하는 일은 아니었다. 그러나 그녀의 임전은 그녀가 이스라엘 백성 사이에서 얼마나 인정을 받고 있었는지 그리고 어떤 수준의 신뢰를 받고 있었는지를 나타내 준다. 그녀는 하나님께서 자신에게 말씀하신 큰 승리를 개인적으로 증거할 수 있었고, 이 승리를 예언할 만큼 신실함으로 인해 높임을 받았다.

여선지자와 사사로서 드보라는 하나님 앞에서 이스라엘 백성을 대표했으며, 그 반대로 백성 앞에서 하나님을 대신했다. 그녀의 신실한 섬김은 마땅히 그녀에게 영예를 가져다줄 만하다. 그녀는 또한 사사기 5장에 '드보라의 노래'라 불리는 노래를 지어 신망을 얻었는데, 이는 이후의 모든 세대가 하나님을 기억하도록 그분의 승리를 선포하는 것이다.

가장 뛰어난 이 여성의 행적은 잊을 수 없다. 그녀는 믿음과 용기와 힘과 기쁨의 여인으로 성경에 우뚝 서 있다. 드보라는 분명히 이스라엘의 역사에 한 여인이자 지도자로 크게 존경받는 인물이다. 의문의 여지없이, 하나님께 대한 그녀의 순종과 자신에게 임한 하나님의 말씀에 대한 그녀의 믿음은, 남자나 여자나, 기독교인이나 유대교인이나 똑같이 우리 모두가 따라야 할 모범을 제시한다.

| 전투에서의 승리(삿 4:11-24)

사사 시대는 이스라엘에 있어서 영적으로 힘든 시기였을 뿐 아니라 전쟁과 폭력의 시간이기도 했다. 시스라와 그의 가나안 군대와의 전쟁이 그 하나의 예이다. 바락은 주저하는 지도자였을 수 있으나, 드보라가 "가라!"는 명령을 내렸을 때 그는 선뜻 철병거로 무장한 훨씬 더 강력한 적과 교전을 시작했다.

드보라의 노래는 하나님께서 기손 강에 물이 넘치게 하셔서(삿 5:21) 시스라의 병거들이 진흙에 빠져 쓸모없이 됨으로, 기울어졌던 승부를 대등하게 만들었다고 말한다.

가나안의 굴욕적인 패배를 끝장낸 것은 시스라를 속여 죽음에 이르게 한 여인 야엘이다. 성경에 야엘의 무리와 가나안 왕 야빈 사이에 "화평이 있었다"고 말하지만, 그녀가 시스라를 처치하는 것은 큰 위험을 감수하는 일이었다.

그러나 그녀의 백성과 하나님을 향한 야엘의 충성심은 그녀가 속한 무리의 사람들이 이스라엘의 적과 맺은 어떤 관계보다도 훨씬 더 강했다.

드보라와 바락은 그날 굉장한 승리를 거두었고 시스라의 군대는 단 한 사람도 남지 않고 진멸했다. 그 시점으로부터 갈릴리에서 가나안의 세력은 계속 약화되어 더 이상 이스라엘에 위협이 되지 않는 지경까지 이르렀다. 시스라는 홀로 전장에서 피해 도망쳤으나 결국은 최후를 맞이하였다.

시스라의 죽음은 이스라엘의 적에게 내리시는 하나님의 심판(창 12:3)의 한 실례를 선명하게 보여 준다. 드보라는 하나님께서 시스라를 여인의 손에 넘기실 것이라고(삿 4:9) 예언했는데, 그녀의 예언은 정확하게 그 말대로 이루어졌다. 시스라의 죽음에 있어서 승리는 한 여인에게 그 영예가 돌려졌다.

겐 사람 헤벨의 아내 야엘은 가나안의 야빈 왕과 친구였지만, 그녀의 첫 번째 충성은 이스라엘의 하나님을 향한 것이었다. 친구처럼 행동하면서 시스라를 속여 잠들게 하고, 그리고는 끔찍하게 그를 죽였으며, 그리하여 드보라의 예언을 성취시켰고 위험한 적군으로부터 이스라엘을 구원하였다. 그것은 다시 한 번 드보라가 여선지자이며 하나님의 여인이라는 것을 입증했다.

성경은 이 승리가 어떠한 군사적 힘이나 훌륭한 전략에 의한 것이 아님을 분명히 밝힌다. 드보라, 바락 그리고 이스라엘 군대는 하나님께서 함께하심으로 적군을 물리친 것이다.

가나안의 이스라엘 압제자에 대한 드보라의 승리는 신명기 28장 13절의 이스라엘을 향한 하나님의 약속을 실증해 주고 있는데, 그것은 만일 그의 백성이 계명을 잘 지켜 순종하면 그들로 하여금 "꼬리"가 되지 않게 하고 다른 민족에게 무릎 꿇지 않게 할 것이라는 점이다. 능력 있는 여인을 통하여 하나님의 말씀은 또 한 번 입증된 것이다.

| 여선지자 그리고 시인(삿 5:1-31)

드보라는 사사와 여선지자였을 뿐 아니라 또한 재능 있는 시인이기도 했다. 그녀의 승리와 하나님을 향한 찬양의 노래는 애굽 군대를 물리친 후의 '미리암의 노래'(출 15장)를 상기시킨다.

드보라가 첫 번째 인물로 나오고, 이름으로 그녀 자신을 확인하지만, 우리는 그녀가 이 위대한 노래의 작가인 것을 안다.

드보라는 마땅히 더욱 큰 적군에 대한 모든 것을 아우르는 승리를 하나님의 덕으로 돌리면서 그분에게 모든 영광을 올린다. 그녀는 참되고 놀라우신 하나님의 임재 아래에서 땅이 진동했다고 선포했다(삿 5:4-5).

훌륭하고 용기 있는 많은 지도자가 그러하듯 드보라는 그 승리가 자신의 능력을 훨씬 초월하는 것임을 확실하게 밝혔다. 위대한 목적을 가지고, 그녀는 그들의 역사에 있어서 하나님의 은혜로운 손길을 주목하면서 이스라엘 지파들을 지목했다.

그녀의 지도력을 더욱 드러낸 것은 드보라가 야엘의 용기와 이스라엘의 적인 시스라에 대한 승리에 마침표를 찍은 그녀의 역할을 칭찬한 것이다. 드보라는 하나님께서 궁극적으로 이 전쟁의 승리자이기에 다시 한 번 그분께 모든 영광을 돌리면서 이 노래를 끝맺었다.

드보라의 노래는 그 신실하심을 이스라엘에게 다시 한 번 나타내신 하나님께 대한 영광과 찬양의 찬송으로서 두드러진다.

드보라가 어려운 상황 가운데서도 인도하신 하나님의 손길을 깨닫고 붙잡았기 때문에, 그녀의 노래는 오늘날도 하나님의 백성에게 그들을 위해 움직이고 돌보시는 그의 영광스러운 행적을 지속적으로 상기시켜 준다.

| 한나 - 믿음의 여인(삼상 1:1-18)

이스라엘의 첫 번째 위대한 선지자 사무엘의 삶에서, 또 한 명의 위대

한 여인이 성경에 등장한다. 당신이 생각하는 것처럼, 사무엘은 사사 시대에서 군주제로 넘어가는 이스라엘의 과도기에 사울 왕을 임명하면서 다리 역할을 했던 사람이었다. 사무엘은 선지자였을 뿐만 아니라, 마지막 사사이기도 했다.

사무엘은 이스라엘의 사사이자 지도자로 사역했고, 이스라엘의 첫 번째 두 왕인 사울과 다윗 모두에게 기름을 부었다.

사무엘의 수태와 출생 이야기는 임신하지 못하는 엘가나의 아내 한나에게 초점이 맞추어져 있다. 그녀는 라마다임(오늘날에는 라마로 더 잘 알려져 있음)에 살았는데, 이곳은 예루살렘 북쪽에서 약 15마일 정도 떨어져 있었다.

당시 많은 남자가 그랬던 것처럼, 엘가나(한나의 남편)는 브닌나라는 후처를 얻었다. 아마도 한나가 아이(특히 아들)를 낳지 못하기 때문인 것 같은데, 아들은 가족의 재산을 지키는 데 있어서 매우 중요했다.

그리고 그런 복합적인 환경에서 자주 발생하는 것처럼, 브닌나는 한나를 잔인하게 조롱하면서 한나의 경쟁자가 되었다. 브닌나는 여러 명의 아이를 낳은 반면에 한나는 아이를 낳지 못했기 때문이다.

그러나 한나가 아이를 갖지 못한다고 해서 그녀를 향한 남편의 사랑이 줄어든 것은 아니었다. 고대 이스라엘에서 불임은 저주로 여겨졌고, 한나는 하나님께 바칠 아이를 원했다.

엘가나와 한나가 라마 북쪽에서 약 15마일 떨어진 실로에 있는 성막에 가서 여호와께 예배할 때, 한나가 기도에 너무 전념한 나머지 제사장 엘리는 그녀가 취한 줄로 생각하여 그녀를 꾸짖었다.

한나는 아이를 몹시 원했고 하나님께 예배하는 일에 헌신된 사람이어서, 만약 하나님께서 자신의 기도를 들어주시면 그 아들을 나실인으로 바치겠다고 서원했다.

제사장 엘리가 한나의 소원을 들었을 때, 그는 그녀의 기도가 응답받을 것을 확신했다. 놀랍게도 그녀는 엘리의 계시를 받아들였다. 더욱 중요한 것은 그녀가 엘리에게 이 확신의 말을 하게 하신 하나님을 믿었다는 것이다. 이 말을 듣고 난 뒤 한나는 엘리가 말한 대로 순종하여 집으로 돌아갔고, 더 이상 괴로워하지 않았다(17-18절). 이것이 하나님을 신뢰하는 위대한 믿음을 소유한 여인의 행동이었다.

| 영광스러운 믿음(삼상 1:19-2:10)

만약 하나님께서 자신에게 아들을 주시면 그 아들을 나실인으로 바치겠다는 한나의 맹세는 사무엘이 평생 동안 하나님을 섬기는 데 헌신한다는 것을 의미했다(삼손도 나실인이었다. 삿 13:1-5 참고). 이것은 높으신 하나님의 영광을 드러내는 것이었고, 그녀는 약속을 충실히 지켰다.

엘리가 말한 것처럼 하나님께서는 한나의 기도에 응답하셨다. 성경에서는 "여호와께서 그를 생각하신지라"고 말한다. 한나를 향한 하나님의 사랑과 돌보심, 그리고 아이를 달라는 그녀의 기도를 들어주시기 원하는 열망을 경이롭게 표현한 문장이다. 그렇게 하여 사무엘이 태어났다.

3년 동안 어린 사무엘을 돌본 후, 한나는 약속을 지켜 사랑하는 아들을 실로에 있는 제사장 엘리에게 데려간다. 그리고 그곳에서 사무엘을 주님께 바친다.

엘리는 한나를 괴로워하며 기도하던 여인으로 기억했고, 그녀가 자신의 어린 아들 사무엘을 하나님께 바치겠다는 약속을 지키려고 하는 것을 알았다. 엘리도 사무엘이 매우 특별한 하나님의 아이라는 것을 알았다.

한나가 이미 사무엘이 태어나기 전 자신의 아들을 하나님께 바쳤다는 것을 알았기에, 엘리는 하나님께서 사무엘을 향한 특별한 계획을 가지고 계심을 보았다. 그리고 이스라엘은 이 어린 소년을 통해서 은혜를 입을 것이었다.

우리는 한나가 하나님께 한 약속을 지키기 위해서 어린 아들을 실로에 두고 왔기 때문에 마음이 내심 낙심되었을 것이라고 짐작할 수 있다.

그러나 한나는 우리 모두가 기억해야 할 심오한 진리를 알고 있었다. 우리가 가진 모든 것은(우리의 아이들, 돈, 소유) 하나님께로부터 온 것이며, 하나님의 영광을 위해 사용해야 한다는 것이다. 우리는 단지 하나님께서 주신 것을 지키는 청지기나 관리인에 불과하다.

한나의 찬미와 기쁨의 노래는 하나님께 기도해서 받은 아들을 하나님께 다시 돌려드렸다는, 마음속에서 샘솟는 기쁨을 표현한다. 한나의 노래는 히브리 성경(기독교인들이 말하는 구약, 기독교의 유대교적 뿌리 중 하나)에서 가장 일찍 쓰인 시에 속하는데, 하나님께서 자신의 아들을 위대한 방법으로 사용하실 것을 믿고 있음을 보여 준다.

믿을 수 없을 정도로 큰 영향력이 있었던 사무엘의 삶은 한나의 믿음이 옳았음을 증명한다. 또한 하나님의 방법을 따르고 가진 모든 것과 행하는 모든 일을 통해 그분께 영광을 돌릴 때, 하나님께서는 우리에게 최고의 것을 주시고 기대 이상으로 우리를 축복하실 것이라는 좋은 예가 된다.

"내 원수"라는 한나의 표현(2:1)은 브닌나가 아이를 낳을 수 없는 한나를 부당하게 모욕한 것을 포함한다고 볼 수 있다. 브닌나의 조롱에는 하나님께서 한나를 기뻐하지 않으셔서 태를 닫으셨다는 발언이 포함되었을 것이다.

물론 하나님께서 한나를 축복하셔서 사무엘에 이어 더 많은 아이를 주셨을 때, 브닌나가 잘못되었다는 것이 밝혀졌다(5절).

그러나 한나의 노래를 보면 그녀가 원한을 품지 않았음을 알 수 있다. 그녀는 단지 불임의 고통을 가져가서서 자신의 기도에 놀랍게 응답하신 하나님을 높일 뿐이었다. 그녀는 자신의 삶에 베푸신 하나님의 은혜와 특별한 축복에 감사했고, 우리 모두가 따라 살아야 할 높은 기준을 세워 주었다.

│ 아비가일 - 용기 있고 현명한 여인(삼상 25:1-42)

성경에 나오는 사람들의 이름은 그들의 성격을 반영하는 경우가 종종 있다. 나발의 부모님이 그의 이름을 "미련한 자"라고 지을 때 무슨 생각을 했을지 궁금하다! 그러나 그의 아내가 인정했듯이, 나발은 자신에게 걸맞은 이름을 가졌다(11절). 양식을 요구한 다윗을 경멸한 것 때문에, 그는 자신과 가족 전체를 치명적인 위험에 빠뜨렸다.

우리가 이스라엘의 역사에 영향을 미친 아비가일이라는 또 다른 위대한 여성의 이야기를 듣게 된 지금, 사무엘상 1-2장에서 있었던 사건들은 일어난 지 100년 이상 지났고, 사무엘은 사망한 후이다.

다윗은 이스라엘의 다음 왕이었지만, 다윗과 그의 사람들은 사울 왕으로부터 목숨을 지키기 위해 도망 중이었다.

아비가일의 시대에는, 무장한 사람들이 부유한 사람의 양떼를 지키는 일을 찾아서 하곤 했는데, 성경에 등장하는 고용된 군인들이 그랬던 것처럼 그들은 수고한 대가로 무언가를 받았다. 이것이 바로 다윗이 헤브론 남쪽에서 8마일 떨어진 사막지역 나온에 사는 나발에게 요구한 일이었다.

그러나 "완고하고 행실이 악한" 나발은(3절) 욕심도 많고 은혜를 모르는 사람이었음이 분명하다. 그는 자신의 양떼를 보호해 준 것에 대한 아무 감사도 없이 다윗과 그의 사람들을 먹이는 데 드는 비용만 생각했다.

나발은 하나님의 계획안에 있는 다윗의 가치를 매우 과소평가했는데, 이는 하나님께서 우리를 돕기 위해 우리의 인생길에 두신 것들을 평가할 수 있는 좋은 수단을 제공한다.

어리석게도 나발은 다윗을 모욕했고, 다윗의 전령들을 빈손으로 떠나보냈다. 다윗이 그의 수하에 소규모의 군대를 갖고 있음을 생각하면 이는 통탄해 할 만한 실수였다.(위기의 순간에 모든 점을 고려하여 결론을 도출해 내지 않는 사람의 예이다.)

나발의 아내 아비가일이 그의 어리석은 행동에 대해 알게 되었을 때, 그녀는 급히 양식을 만들어 다윗에게 가서 자신의 남편에게 복수하지 말아 달라고 간청했다. 비록 그녀의 남편은 어리석게 행동했지만, 아비가일은 다윗을 특별한 사람으로 인정했고 (남편을 대신하여) 용서를 구했다.

게다가 아비가일은 통찰력, 설득력, 여성의 직감을 사용하여 다윗에게 그가 훗날 이스라엘의 왕이 될 것이라는 사실을 상기시켰다. 다윗은 나라의 지도자로서 복수심에 불타 폭력적인 행위를 저질렀다는 오점을 자신의 기록과 양심에 남기고 싶지 않았을 것이다. 하나님께서도 못마땅해 하셨을 것임은 말할 필요도 없다. 아비가일이 다윗을 미래의 왕으로 인식했던 것은 하나님께서 선택하신 사람을 향한 그녀의 믿음을 보여 준다.

다윗은 아비가일의 간청이 지혜롭다는 것을 재빨리 간파했고, 나발에 대한 복수를 하나님께 맡겼다. 다윗의 협박으로 판단해 볼 때, 아비가일은 그녀와 나발의 가족 중 모든 남자가 학살당하는 일을 막았던 것이 확실하다. 그 당시 부유한 집에서는 수십 명의 남자와 소년들이 함께 지내는 경우가 많았다.

그녀는 용기 있는 행동을 통해, 가족을 포함한 많은 사람의 목숨을 구할 수 있었다.

또한 다윗은 나발의 심판을 하나님께 맡길 만큼 현명했다. 후에 하나님께서는 나발을 혹독하게 심판하셨는데, 그 이유는 하나님께서 기름 부으신 왕에게 철저한 모욕과 경멸을 주어 하나님의 명예를 훼손했기 때문이다.

틀림없이 나발은 하나님 앞에서 뿌린 대로 거두었다. 마찬가지로 우리도 선한 것을 심으면 풍성한 축복을 거둘 것이다. 특히 우리가 이스라엘과 그 백성에게 친절을 심기를 구할 때 말이다. 샬롬!

|

부록

Biblical Teachings from the Rabbi

■ 이스라엘을 축복해야 하는 10가지 이유

1. 성경에서는 아브라함의 후손인 유대인을 축복하는 사람들에게 복을 주신다고 약
   속하신다(창 12:3).
2. 우리는 성경에서 "예루살렘을 위하여 평안을 구하라"는 명령을 받았다(시 122:6).
3. 이스라엘의 흉악한 원수들은 자신들의 전멸에 전념하고 있다(시 17:8-9).
4. 외국 땅에서 위험, 억압, 빈곤 속에서 살고 있는 수만 명의 유대인 망명자들은 알
   리야(aliyah)의 기회(성지 이스라엘로 돌아감)를 기다리고 있다(사 49:22).
5. 오늘 밤에도 이스라엘 어린이들 세 명 중 한 명은 굶주린 상태로 잠자리에 들 것
   이다(시 17:14; 107:8-9).
6. 수 년 동안 테러와 전쟁을 겪었기 때문에, 이스라엘에서 가장 가난한 가정, 노인, 어
   린이들을 위해 기본적인 생필품을 제공해 줄 손길이 필요하다(잠 3:27-28).
7. 생존을 위해 몸부림치는 구소련의 가난하고 고통 받는 유대인 노인, 고아, 부랑아
   들에게는 당신의 연민 어린 보살핌이 필요하다(사 58:7).
8. 수천 명의 무고한 이스라엘 사람들의 삶이 잔학한 테러 공격과 지독한 가난으로
   산산이 부서졌다(수 1:14-15).
9. 이스라엘은 대중매체의 편파적이고 선동적인 보도에 의해 왜곡되었다(신 16:19-20).
10. 이 위기의 순간에 민족을 이끌어야 하는 도전에 직면한 이스라엘의 지도자들은
    평화를 이룩하기 위해서 하나님의 지혜가 필요하다(시 125:5, 사 55:12).

■ 랍비 엑스타인에 대한 찬사

"굉장히 진실하신 분입니다. 이 분을 오랫동안 알고 지냈는데, 유대인과 기독교인들
의 연합이라는 목적을 변함없이 추구해 오고 계십니다. 하나님을 정말 사랑하는 분
입니다.

_팻 로버슨(Pat Robertson), 기독교 방송 네트워크 회장

"알리야라는 중요한 사역을 위한 랍비 예키엘 엑스타인의 헌신과 기여에 감사를 전합니다. 그리고 이스라엘 사람들의 복지를 위한 여러분의 계속적인 지원에 감사를 드립니다."

_벤자민 네타냐후(Benjamin Netanyahu), 이스라엘 국무총리

"랍비 예키엘 엑스타인은 실로 엄청난 일을 하고 계십니다. 그분을 알고 지낸다는 사실이 자랑스럽습니다. 우리의 우정과 지금까지 그것을 사용하신 하나님의 방법으로 인해 정말 감사를 드립니다."

_팻 분(Pat Boone), 엔터테이너

"랍비 엑스타인이 하시는 모든 일을 축복합니다. 모든 이스라엘 거주민을 대신하여 당신이 맡고 있는 이 사업은 축복 받은 중요한 파트너십입니다."

_시몬 페레스(Shimon Peres), 이스라엘 대통령

"랍비 엑스타인의 신임에 존경을 표하며, 화목케 하는 자애로움이 필요한 이 시대에 주님께서 그를 지도자의 자리에 세우심을 감사드립니다."

_잭 해이포드(Jack Hayford), 포스퀘어 교회 목사

"저는 엑스타인의 오랜 친구이자 후원자입니다. 제가 생각하기에 엑스타인은 평화, 그중에서도 특히 예루살렘의 평화를 위해 태어난 뛰어난 국제 시민입니다. 그의 업적은 이스라엘을 강화하는 데 큰 공헌을 해 왔습니다."

_제리 폴웰 박사(Dr Jerry Falwell), 전 리버티 대학교 총장

"랍비 엑스타인 … 당신은 유대인과 기독교인, 그리고 누구보다도 이스라엘에게 엄청난 격려가 됩니다."

_페이지 패터슨(Dr. Paige Patterson), 사우스웨스턴 침례신학 대학교 총장